投资的智慧

——提高你的观察力与判断力

Investment Wisdom
from Observation and Judgement

简倍祥 著

地震出版社
Seismological Press

图书在版编目(CIP)数据

投资的智慧：提高你的观察力与判断力 / 简倍祥著 .—北京：地震出版社，2020. 9

ISBN 978-7-5028-5100-2

Ⅰ. ①投… Ⅱ. ①简… Ⅲ. ①投资-基本知识 Ⅳ. ①F830. 59

中国版本图书馆 CIP 数据核字(2019)第 217164 号

地震版 XM4412/F(5818)

投资的智慧——提高你的观察力与判断力

简倍祥 著

责任编辑：王凡娥 吴桂洪

责任校对：凌 樱

出版发行：地震出版社

北京市海淀区民族大学南路 9 号 邮编：100081

发行部：68423031 68467993 传真：88421706

门市部：68467991 传真：68467991

总编室：68462709 68423029 传真：68455221

证券图书事业部：68426052 68470332

http：//seismologicalpress. com

E-mail：zqbj68426052@ 163. com

经销：全国各地新华书店

印刷：北京盛彩捷印刷有限公司

版(印)次：2020 年 9 月第一版 2020 年 9 月第一次印刷

开本：787×1092 1/16

字数：234 千字

印张：14. 75

书号：ISBN 978-7-5028-5100-2

定价：58. 00 元

推 荐 序

我们自学生时代就追随简博士参与产业投资分析，工作后更是与简博士一起进行产业环境研判、投资案可行性分析与案后管理，至今已超过15个年头。我们依然清楚地记得简博士的投资第一讲：投资要做到六个字“简单、执行、坚持”。初听到这六个字，并没有什么感觉，只是用纸笔记录下来。经过投资行业十几年的浸润，我们越来越深地体会到这六个字总结得太精辟无比了。无论是房地产投资、股票投资、各行各业的创业性投资，都逃不过这六个字，我们深深地被简博士的智慧所折服。他不仅是一个成功的投资实业家，还能将自己毕生所得总结内化成一个理论系统，授人予鱼并授人予渔。

作为简博士最忠实的读者，我们隆重向大家推荐他最新的倾情之作——《投资的智慧——提高你的观察力与判断力》。这本书通篇聚焦在看似简简单单的“智”和“慧”两个字上，用智和慧串接起创富投资所需的基本元素，结合了人类进化的需求和进程。细细品味这本书，更会发现，字里行间切中要点的例子比比皆是，让字典里的“智”和“慧”二字活灵活现起来，也让略显艰涩的“创富投资智慧”变得亲民，变得实用，变得可操作。我们读来印象极为深刻，相信读者朋友们也一样。

人们路遇喜事时容易觉得好兆头来了，而看到不愉快的情境时又觉得碰上诅咒。明知这些外界事与自己无关，却又难以摆脱。简单的日常现实向我们提出了疑问：“人们处世判断的根基是什么？”《投资的智慧——提高你的观察力与判断力》从多个方面给出了答案，让我们顿觉思维被打开，豁然开朗。

“智”讲的是看清世间事；

“慧”讲的是悟出世间法。

如果没有先看清，何来可悟出？如果没有先理清世间事情，何来把握住世间法脉？如果没有先弄明白各种场景发生的原因，何来断定其对自己是祸是福？也就是说，慧（悟出世间法）要建立在智（看清世间事）的基础之上。

建立智和建立慧的先后顺序不容颠倒。智和慧，不仅是创富投资的必备，也是生活中点滴行事的所需，亦是本书最根本、最核心的元素。

看清世间事，靠的是什么？——观察，通过身体和双眼来捕捉；

悟出世间法，靠的是什么？——感受，通过心灵和头脑来明辨。

心灵和头脑的明辨建立在身体和双眼捕捉的基础之上，心灵和头脑所进行的逻辑推理建立在身体和双眼体悟觉察的基础之上。因此，感受要建立在观察的基础之上，而体悟觉察要建立在逻辑推理的基础之上。

人们认知本领的形成和增强，其实就是“看清世间事”这一能力的长进，之后再经由感知本领的截取和扩散，让“悟出世间法”这一能力得以强化。这样的过程在创富投资中就是，先有“看清投资事”，再有“悟出投资法”。

在投资领域，除了理顺感知和认知两者的关系，还要掌握好投资野心与投资智慧之间的度。在拥有足够投资智(感知)和慧(认知)的基础上，才能加上野心的助力；在掌握足够知识的基础上，才能加上胆量的助力，要先有识才能有胆，这正是投资“胆识”二字的来源。

本书中更有趣的一个内容是，将潜意识和下意识做了对比。骑自行车是大多数人所能及的，骑行时，我们为什么不用去思考如何运用肌肉和骨骼，如何让车轮滚动起来？事实上怎样骑车早已建立在我们的潜意识中，只要加上下意识的“去哪里”，车轮就会自动朝着目的地前行了。但是，如果我们没有学过骑车(潜意识)，下意识再强，目的地再明确，也没有办法让车轮欢快地滚起来。正所谓，下意识判断要建立在潜意识技能的基础之上。

理顺充分条件和必要条件的关系，掌握事情发生发展的来龙去脉，可以帮助我们看明白很多事情。是的，充分条件要建立在必要条件的基础之上！

再次推荐大家畅游在《投资的智慧——提高你的观察力与判断力》这本著作中，定有意想不到的收获！

上海问水企业管理咨询有限公司　董事长　张　殷

总经理　葛　莹

前　言

创富投资市场的起伏，不仅以股票指数的高低为参考，更应以人心的贪婪和恐惧为衡量指标。而看清和明白这个衡量标准，则是投资人多年学习累积的“智”和“慧”，也就是看清投资事和悟出投资法。

日常生活中，有些人突然发现家里的铁树开花，以为“老天爷一定是想让我发财了”；有人在路上偶遇一位手捧财神爷雕像的过路人，顿时觉得自己感知到某个极具潜力的投资目标，适合马上投资；有人看到马路上奔驰着一辆车牌尾号为4个8的跑车，就进场买进相关号码的股票或彩券。以这样的方式做投资，结果可想而知——大概率以“失败”收场。以毫无根基的现象（认知）为始，以求得似曾相识的判断（感知），自然难以达到意向中的投资创富之终。

股市投资中，我们常常从“四个面”来分析和审视股市走势，即基本面（总体经济的变化）、资金面（投资资金的进出）、市场面（市场参与者的改变）和技术面（股市线图的转折）。虽然分析股市的四个面各有侧重，但按其重要性排序，依次为基本面、资金面、市场面（消息面）、技术面。就古代的哲学思想而言，现代所提的基本面是在“道”的智慧层面；而市场面、技术面则是在“术”的手段层面。也就是，在做股市投资判断时，宜先从基本面出发、从大道出发，基本面被确认的情况下再看资金面，资金面被确认的情况下再看市场面，最后才看技术面，技术面只是术的手段，不是道的本质。但是，有些投资人追求“走捷径”，舍不得先花时间、下功夫，对某只股票的基本面和资金面的人、事、物做充分了解和分析，而希望以较快的速度，直接从该股票的市场面或技术面着手，听到某只名牌股票的消息或者看见某只股票的技术线形变化，就决定买进或卖出的行为。这种研究股市的方式，和之前所说的看到某个神迹或某个触动心灵的景象就做出投资决策的情况如出一辙，只用术不用道。投资人在尚未以“智”看清投资事（认知）之前，就自以为是地认为已经用“慧”悟出了投资法（感知），颠倒了科学创富投资的步骤，没有将对股票投资的技术面和市场面分析，建立在对资金面和基本面的分析基础之上。

赌徒和投资人的相似之处在于，两者从本质而言都是玩概率。一般的赌徒，将自己置于运气之神的摆布之下，追求赌运气能赢钱的刺激；而职业赌徒只会在自己赢面较大时下注，他们的诀窍不仅仅是计算概率，也会寻求胜负天平倾向于胜利时刻的赌博机会。可见，职业赌徒的做法和成功投资者的做法一样，将投资对象用“慧”的判断(感知)，建立在对其以“智”的充分研究(认知)基础之上。

世界级投资大师巴菲特的合伙人芒格曾说过：“巴菲特经常谈到要根据长期国债的当前利率，用来估算出企业未来收益折现，以判断企业的现值方法。但他真的会这样做吗?”芒格认为答案是“不”。他认为，巴菲特了解企业时，凭借数十年分析多家企业价值的经验，头脑里会生成一幅未来的图像，描绘出这家企业在10~20年后的样子。然后借由现代和未来的两幅图像，简单地比较出现状和未来的差异，立刻做出是否投资该企业的决策。巴菲特长年累月看各种财务报表、研究投资个案，如此不断重复而形成的经验积淀(认知)暗藏在他的潜意识之中。在此基础上，巴菲特做投资判断时并不需要按部就班地思考和计算每一个步骤，而只是用其下意识的判断(感知)。

以上例子讲的是，凡事要先筑起认知能力，再建设感知能力，先有了投资的必要条件，再建构起创富的充分条件，感知能力要建立在认知能力之上。投资人听到有人报名牌，或感觉到某种神迹，抑或突然发现生活周遭的变化时，切不可靠着直觉反应做出投资判断。投资创富要做得好，就要遵循上述“先筑智，再建慧”的过程，无捷径可寻。《投资的智慧——提高你的观察力与判断力》一书，希望能够帮助投资人增进投资功力，实现正确判断，成就创富投资成功。

十多年前，有人问我，买哪个城市的土地比较值钱?买哪个区域的房子容易增值?我的回答是：

“那要看它未来土地的含金量!”

土地或是房屋，和黄金一样，也是有含金量的，土地或是房屋的含金量越高，它们就越值钱。例如，政府在某个区域投入资金做基础设施建设，如地铁、车站、公园、公路、展览馆、机场、海港、学校、市政大楼等等，这个区域土地的含金量就变高了；又如，各大企业集中在某个地区兴建办公大楼、商场、游乐园、购物中心等等，这些建设也会增加这片土地的含金量。当政府和企业在某个区域埋金块(也就是投入金钱搞建设)时，埋的金块量越大，土地的含金量就越高，房屋就越值钱。由此可见，北上广深都是埋了大量金块(被投入了大钱)的地方；各城市的中心城区、有多条地铁线交会的站点，都是高房价的代表，也就是含金量高的区域。

我们常说急中生智和静极生慧。所谓智，指的是——看清世间事，也就是看清所有人、事、物；所谓慧，则是——悟出世间法，也就是悟出大道运行的常规。

投资人若能得智，就容易看清投资目标的本质特性；若想得智，可以通过观察世间万物，以认知事情原委，可以借由培训本身的逻辑推理能力，以理智和渐近的方法学习之。

投资人若能得慧，就能够领悟投资运作的基本原理；若想得慧，则须用心感受世间变化，以感知变化道理，可以借由培训本身的体悟觉察能力，以慧根和顿悟的修行体验之。

每个人期许自己能做到身心双修，一个是外功，一个是内功。一样的道理，在投资的领域里，要做的就是内外功双修。若只练外功不练内功，容易走火入魔；若只修内功不修外功，就无法发挥投资武功的全部功力。智和慧，就像人的两条腿走路一样，要一同协步前进，才不易被彼此绊倒，要做到慧里含智，智能辅慧。利用人生的智和慧，把投资目标的人、事、物看清，把大道运作的方式看懂，而不是像动物那样，常常被有心人士操弄认知，做出错误的投资判断。

本书希望用明确的方式帮助投资人把握创富投资智慧，早日开启成功投资的大门。

目　录

第一章　投资的智和慧

夯实看清世间事的基本功，萌发悟出世间法的“超能力”。

第二章　人类大基因法则

佛是过来人，人是未来佛；积淀与提升，成就文明人。

第三章　预测力与观察力

投资只有观察之方，无预测之术。

第四章　先天性与进化性

虔诚信仰先天性，观察发现进化性。

第五章　观察力在投资中的运用

创富投资不是赢在起点，而是赚在转折点。

第六章 先观察后推断

一切推断都必须从观察与验证得来。

第七章 独立思考的智慧

断事不在消息源头，而在自我评判。

第八章 逆向思考的智慧

庸人安于世故，学者溺于所习。

第九章　简单、执行、坚持

投资想法要简单，投资动作要执行，投资持有要坚持。

第十章　精准与正确

宁要模糊的正确，也不要精准的错误。

第十一章　创富投资结果=胜算率×乘数效果

胜兵先胜而后求战，败兵先战而后求胜。

第十二章 调查报告与研究报告

第十三章 投资心态与投资理论

第十四章 博弈论

投资是心理的博弈，是一场心理游戏。

第一章　投资的智和慧

智——看清投资事；

慧——悟出投资法。

夯实看清世间事的基本功，萌发悟出世间法的“超能力”。

创富投资的概念，在一般人的眼中，可能是报酬率、是赚钱、是利益、是输赢。但在真正成功投资者的心中，

它不只停留在赚钱的层面，更是着重于智能的层面；

它不只是利益判断，更是价值判断；

它不只论输赢，更是论对错。

投资赚钱或许是一种生活，但更是一种境界，不只追求成功，更在乎成长；以智和慧为根基，只论对错而不论输赢的态度，以及追求企业的价值判断，是创富投资的正确路径。

第一节

观察客观世界的规律性，提升主观世界的逻辑性

古人的“智”和“慧”，对一位靠投资致富的投资者，到底可以起到什么作用？

投资人，不论是哪一类的投资领域——企业经营、股票市场、房地产业、金融商品、原物料买卖、艺术品市场、人力资源等，如果能够保持长期致富，靠的是对“未来”具有逻辑性且正确的主观推论。这里所说的“未来”，囊括的范围很广，涉及我们所处环境的众多方面，例如未来的社会现象，经济的发展趋势、商业的流行趋势、工商经营的走势、人力和原物料资源的发展趋势。我们之所以会发现，社会上存在着大量具有逻辑性的推理，往往是因为，世界上已经存在着很多井然有序的规律，只是在很久以前并没有被观察发现到，这些规律的出现，与其说是伟大的科学发明，倒不如说是后来人们的逻辑推论发现。

什么是规律性？什么是非规律性？

几千年来，看过每天早上太阳从东方升起（规律性），我们就可以推论明天早上，太阳也会照常从东方升起（逻辑性）。

看过许许多多的鸡蛋能够孵出小鸡（规律性），当我们再次看到鸡蛋要孵化时，就可以推论它孵出的是小鸡，而不是小鸭（逻辑性）。

看过白种人生育白种人，黑种人生育黑种人（规律性），当我们看到一对金发碧眼的白人夫妇，抚养着一位黑发黑皮肤的小孩（不具备规律性），就可以推论这小孩肯定不是他们亲生的（逻辑性）。

看过乌云密布后的大雨滂沱（规律性），当我们看到乌云黑压压的一片，就可以推论天可能快要下雨了（逻辑性）。

春夏秋冬，一年四季轮回（规律性），当我们过完了冬天，就可以推论

不久的将来要春暖花开了(逻辑性)。

月有阴晴圆缺(规律性)，当我们看到今晚十五的月圆，就可以推论过几天开始要月缺了(逻辑性)。

瓜熟蒂落(规律性)，当我们看到水果成熟，就可以推论它会往下掉落，我们可以在下面接着(逻辑性)，而不会往上飞起。

蚕宝宝终究会蜕变成蝴蝶(规律性)，当我们看到蚕蛹开始吐丝，就可以推论它将要破茧而出，成为一只美丽的蝴蝶(逻辑性)。

农夫，把多个种类的水果树接枝配种，改良水果特征，让它更加硕大、更加香甜，同时充满更多种类的异域风味。把许多种类的花草树木接枝配种，让它开出的花具有更多样的颜色、更多样的形状。

兽医，把不同品种的小狗加以配种，生育出许多具有鲜艳毛发、个性温顺的活泼小狗，组成了一群具有生命且活蹦乱跳的毛茸玩偶小狗。

投资行为科学也是如此，投资者若想掌握投资致富的逻辑性，首要之事，是像农夫和兽医做的那样，找到合适的方法，观察投资领域的种种现象中，哪些影响因子具有规律性，哪些因子根本不具有规律性。并且要能掌握，哪些具有规律性的影响因子对投资逻辑性推论有帮助，哪些对投资逻辑性推论没有帮助，从而留下具有意义的规律性因子，弃除掉不具有意义的规律性因子，以及根本不具规律性的因子。

例如，有一年中秋节过后，股市大盘就变盘了，由此推论今年中秋节过后，股市就会变盘；或是推论，以后每遇到节日就感觉股市要再度变盘。虽然，过节具有规律性，但是过节和股市变盘两件事之间并不具有规律性。因此说明，有这种想法的投资人，在投资主观思维的判断上不具有逻辑性。

另外，假设投资人研究发现，某家企业的产业趋势正向着好的方向发展，公司的竞争力正逐渐增强，产品毛利率和净利率一直在提高。如果由此推论这家企业值得投资，那就代表投资人在投资主观思维的判断上具有逻辑性。因为一家企业的获利持续增长和企业总市值上升这两件事之间，是具有规律性的。

自然科学，研究的是客观事物之间的客观联系及其发展，比如数学、物理、化学等学科；社会科学，研究的是人的主观世界以及与客观世界的相互联系，比如哲学、经济学、法学等。自然科学和社会科学是相辅相成的，社会科学以自然科学为基础，社会科学又会推动自然科学的发展。

在自然科学里，一定是1+1=2，就像太阳一定从东边升起那样确定。自然科学通过实验就能找到正确的答案。社会科学里，往往1+1≠2，可能大于2，也可能小于2，就像股市涨跌那样会受到很多主客观因素的影响。社会科学要通过检验和推论才能找到真正的答案。因此，想要观察到社会科学里的规律性，往往比观察自然科学的规律性难很多。

客观世界充满了规律性，主观思维才具有逻辑性。在投资的世界里，就是要充分排除投资领域非规律性的因素，并找出其规律性，用投资领域的规律性来引导投资人思维的逻辑性。投资人思维的逻辑性越强，受非规律性因子干扰和诱骗的可能性就越低，投资成功的可能性就越高。

时髦的"数据分析"和"行为科学"

这两个工具和方法，可以帮助人们在投资的社会行为科学领域中进行观察。

1946年，伟大诗人奥登发表了一首严厉劝诫意味的诗作，其中写道："不要与统计学家同坐，也不要轻信社会科学"。在很长一段时间里，哪怕是高层决策者，似乎也宁可根据直觉、个人经验和道听途说来做出判断。

而如今，随着环境的改变，随着信息的流通，诗句中提及的两个学科都已改名换姓，统计学现在叫"数据分析"，社会科学成了"行为科学"，以往"凭直觉、论经验、靠听说"的决策方式也一去不复返了。我们面临的黄金时代是——数据分析和行为科学在投资领域的应用！

事实上，由数据分析和行为科学合力而成的"现代"社会科学，正面临着因科技发达而带来的重大优势，使得一级混沌和二级混沌的距离正在慢慢缩小。随着计算机功能的日趋强大，数据分析能力不在话下，一般的数据分析需求都能得到满足；而对行为科学的掌控，更能通过观察客观世界的规律性、摒弃其非规律性来实现，让投资者的主观思维推论更具逻辑性。

智，要看清世间事，靠的是观察和推论。观察的重点是什么呢？观察过往客观投资世界的规律性，排除非规律性的因子，让主观思维推论有据可循。

慧，要悟出世间法，靠的是反思和感悟。反思的重点是什么呢？反思投资主观判断的推论，检验和感悟主观投资思维的逻辑性是否建立在客观世界的规律性之上。

一旦投资人能观察到(智)客观投资领域的重要规律性，并且形成(慧)自身主观投资思维的逻辑性，那么投资致富的推论就会水到渠成。投资人的投资思维也会转变：从赚钱的层面，提升到智能的层面；从利益判断，提升到价值判断；从论输赢，提升到论对错。

因此，我们必须用“智”来观察和推论，分析哪些因子会影响投资判断，明确区分出对投资逻辑性判断具有影响的规律性因子，对投资逻辑性判断不具有影响的规律性因子，以及会误导投资逻辑性判断非规律性的干扰因子，再用“慧”来反思和感悟。

时常反思所观察得到的规律性因子，对本身投资判断的推论是否持续具有重大影响力？

时常检验和感悟，本身投资判断的主观思维逻辑性是否建立在那些观察推论所得到的客观世界规律性上。

时常感悟，所观察和推论得到的非规律性干扰因子，自己是否可以时常经得起它的诱惑？

所以，对于投资人而言，加强投资的“智”是第一步要做好的，而如何加强投资的“智”，去看清世间事呢？可以通过数据分析和行为科学来实现，它让投资人从观察结果中推论出规律性的因子，移除非规律性因子，并遵照这些规律性因子进行价值投资，建立起主观投资世界所具有的逻辑性。用我们最常见的股市投资为例，要掌握基本面、资金面、消息面、技术面的精髓，形成自己的投资体系，实际上就是要运用数据分析和行为科学来读懂企业价值，准确评估分析企业所处行业的前景，以及企业在行业中的竞争力。

第二节

为什么动物和人类都会“受骗”？

在观察人类的行为之前，我们可以先从蜜蜂、雌火鸡、蚂蚁这几种动物的思绪和做法着手，来看看它们的认知能力。

为什么蜜蜂能通过“舞蹈语言”传递信息？

在昆虫界，蜜蜂以有条不紊、迅速而敏捷著称。蜜蜂怎么知道哪儿有花，哪儿花多呢？

德国的诺贝尔奖获得者奥特鲁姆揭示了蜜蜂“舞蹈语言”的秘密。“舞蹈语言”是蜜蜂彼此间交流的方式，由于这种语言的表达方式是舞蹈，所以人们称它为“舞蹈语言”。

对于距离的表达，蜜蜂有一套更复杂的行为。侦察蜂了解蜜源和蜂巢之间的距离后，便嗡嗡地飞回蜂巢，别以为嗡嗡声是蜜蜂的语言，其实它们都是“聋子”，听不到任何声音。事实上，蜜蜂是用“舞蹈”作信号，指示花儿在何方，让同伴们一同去采蜜。蜜蜂会通过不同的舞蹈动作向同伴转告蜜源的方位，告诉同伴花儿离蜂房有多远。

如果侦察蜂在距离蜂巢 60 米以内的地方找到蜜源，它返巢后就在巢脾①垂直面跳起“圆舞”，并且，蜜源的花蜜越多越甜，蜜蜂则跳得越起劲。如果蜜源的花蜜含糖量不超过 5%，则蜜蜂不屑为此跳舞。当蜜源距蜂巢超过 84 米时，侦察蜂改跳“摆尾舞”。但若在操弄蜜蜂认知的实验中，把蜜源放得很高，超越大自然蜜源的正常高度，这时的蜜蜂就会缺乏一种可以传达这种高度的基因程序代码，当它飞回蜂巢时，跳起一种莫名其妙的

① 蜜蜂的巢是用蜡板来造的，数张板状物从蜂箱上部垂到下面，其两面排列着整齐的六角形蜂房，称之为巢脾。

舞来，其他蜜蜂则因为看不懂侦察蜂的舞姿而乱成一团，到处盲飞。

为什么小鸡奉“叽叽声”为最高指令？

另外，动物行为学家福克斯曾做过一个实验。福克斯得知，雌火鸡是很合格的母亲，警惕性高，全心保护小宝宝，要是一只小火鸡发出叽叽声，就会触发雌火鸡的照顾程序，让雌火鸡妈妈充满关爱，全心保护小火鸡，用心照料它。“叽叽声”这个信号比其他例如气味、感觉、相貌等都来得重要。

另外，对雌火鸡而言，臭鼬鼠是天敌，只要它一出现，雌火鸡就会咯咯大叫，用喙啄它，用爪子抓它。于是，福克斯做了一个实验，把一只臭鼬鼠形状的充气玩具扔到雌火鸡面前，臭鼬鼠玩具同样会立刻遭到雌火鸡的猛烈攻击。但是，若是在相同的玩具里多加装一台小型录音机，播放小火鸡发出的叽叽声，情况就完全改变了，雌火鸡不仅会接受臭鼬鼠玩具，还会把它收拢到自己的翅膀底下爱抚它。不过，一旦关闭录音机，臭鼬鼠玩具就又会马上遭到猛烈的攻击。

或许有人觉得，认知被操弄的雌火鸡在这个实验中的举动很荒谬，它热烈地拥抱天敌，仅仅是因为对方发出的叽叽声；它虐待甚至害死了自己的宝宝，仅仅是因为小火鸡没有发出叽叽声(因为它们的“程序”被设定为：只有正常、健康的雏鸡才能发出小火鸡特殊的叽叽声)。动物学家告诉我们，动物的母性本能，完全受到一种声音的自动控制。这就是所谓动物固定的行为模式，构成该模式的所有行为，几乎每一次都是以相同的方式、按相同的顺序发生。其实不只是雌火鸡和蜜蜂，很多动物都存在这种固定行为模式(固定的程序设定)，但这种固定模式一旦被人们所知道和破解，它们的认知就很容易被有心人士操弄。

为什么蚂蚁只会用特殊气味辨别同伴的死活？

正常情况下，蚂蚁死亡后，其尸体会分泌出一种具有特殊味道的激素，其他蚂蚁如果闻到这种味道(固定行为模式被启动)，就会合力把死去的蚂蚁搬出蚁穴，抛弃掉。

哈佛大学教授威尔逊做过一个非常有趣的操弄蚂蚁的认知实验，他将死蚂蚁所分泌的激素涂抹在一只活蚂蚁身上，然后观察其他蚂蚁对这只目标蚂蚁的态度。果然，目标蚂蚁的同伴企图将它拖出蚁穴(固定程序被激活)，尽管这只活的小蚂蚁在整个过程中不断踢腿挣扎，但最终仍旧被同伴活生生地拖了出去，并且残忍地抛弃掉。

这说明，动物的认知能力很简单、目标很执着，所以其认知也很容易被误导，很容易被操弄。动物本身因极其缺乏感知能力，故难以补足其认知被操弄的不足。

为什么服装店客人会毫不犹豫下手原本高价的服装?

有人或许认为，只有低等动物的认知能力易被操弄，那么这样的认知就大错特错了。大多数时候，人类的行为和这些动物的固定行为模式，真的没啥两样。事实上，人类的认知，每天都被很多营销机构、政治人物、股市投资名嘴及有心人士所操弄着，也包括电话诈骗集团。

20 世纪 30 年代，美国德瑞贝克地区的两兄弟——西德和哈里在罗斯顿所住的街区开了一家男装裁缝店。每当哥哥西德有新客户对着店里的三开大镜子试衣服，他就会告诉客人，自己听力有些问题，并不断地让客户说话时提高音量。只要客户喜欢上了哪套衣服，问起价格，西德就会大声叫他弟弟，并问道：“哈里，这套衣服要多少钱?”

弟弟哈里是首席裁缝，工作区位于店堂后面。听到哥哥的喊声，哈里抬头看看客人所喜欢的衣服，并大大地抬高衣服的真实价格，高喊着回答说：“那件漂亮的纯羊毛西服，要 42 美元。”西德假装没听见，用手在耳边做个敞口杯子的形状，再问上一遍。哈里再次回答：“42 美元。”此时，西德转过身，对客户说：“他说要 22 美元。”此刻，好多人都会急急忙忙地付了钱，抢在西德发现自己“搞错了”之前，抓着西服狂奔出店，满心以为自己捡了天大的便宜呢。

“捡了便宜还卖乖”的西德，正是利用了客人“认知容易被操弄”的特点，让客人在一分钱也没少花的情况下，高效率地完成了交易。

为什么大卫·科波菲尔能让庞然大物瞬间消失?

闻名于世的美国魔术大师大卫·科波菲尔的戏法曾让多少人为之痴迷。

大卫曾经使自由女神像在两万多美国人眼前消失，曾经让7吨重的喷气式飞机在中国观众的众目睽睽下无影无踪，他无论走到哪里，都常常用“搬运功”让当地一些庞然大物瞬间消失，如此近乎不可思议的魔术冲击着我们的视线。

惊讶之余，我们定神思考下，大卫是如何让自由女神和飞机消失的?其实魔术师用的手法也是一种障眼法和操弄观众的视觉认知。魔术师只有在夜晚才有办法把自由女神和飞机变成不见了，因为必须靠着黑夜，利用舞台聚光灯投射的变化，让观众的眼球随着光明与黑暗之间的位置小小移动，产生视觉错觉，营造出空荡荡的现场感(庞然大物不见了)。所以，事实并不是自由女神或飞机不见了，而是观众的眼球视野，因为魔术师的舞台聚光灯投射，稍微移动了一个小角度，观众的视觉认知被聚光灯给糊弄了。

从以上几种动物和人类认知能力被操弄的例子中，我们可以发现，世上的实际案例层出不穷，这说明，投资人在做投资决策过程中，也被很多有心人士诱导了。

为什么庞氏骗局屡见不鲜

当大多数人选择存款并享受固定利息(假设年报酬率2%)时，非法吸金机构突然喊出了高额报酬(假设年报酬率20%)的理财项目。不少人看到这整整10倍的收益差异，自然难以抵挡如此诱人的馅饼，唯恐好运气“被剥夺”。于是，他们从银行搬出存款，转入非法吸金机构跃跃欲试，坐等所谓的高额报酬。一般情况下，在投资初期投资人确实会收到若干次“报酬”，因此继续加码投资，在泥潭中越陷越深。

投资人因为智力有限，在追求资金效率性时，放弃了最基础的调查，简单地将非法吸金机构的投资报酬承诺等同于银行的利息承诺。殊不知，银行支付给存款者的利息来源是稳定的，源自银行的放贷利息收入；而非法吸金机构向投资人承诺的报酬却是空手套白狼而来，他们通过不断扩大客户范围来拓展资金规模，用新进投资人的本金来支付已有投资人的投资报酬。一旦资金链破裂，骗局走到终点，投资者不但收不到投资报酬，连本金都打水漂了。这种拆东墙补西墙的做法即庞氏骗局。

为什么巴铁骗局能让百姓损失，让政府蒙冤？

巴铁(又称立体快巴)是一种宽体高架电车，行驶于轻轨铁路，上层运送人群，下层空架于路面供车辆通行。2016 年 8 月在秦皇岛测试时吸引了无数眼球。但不到一年时间，巴铁试验线被拆除。这一发明是否能成功实现技术转化，人们褒贬不一，但在此背后隐藏的金融骗局却让不少投资人深受其害。

2016 年 5 月，巴铁公司主要投资方华赢集团通过在全国布局的数百家分公司，以“地方政府拟建巴铁 PPP 项目”为名，向公众推销与巴铁项目相关的投资理财产品，认购金额 100 万元起，承诺年化收益为 12%，借此非法集资超过 40 亿元。在骗局被曝光后，引发兑付危机。事实上，巴铁项目也欺骗地方政府为自己呐喊造势。投资人所做出错误决策正是源于投资专业能力的受限，对交通运输业的投资决策已超出其本身所处的能力圈。

为什么道貌岸然的麦道夫能隐藏骗局 20 年？

纳斯达克的前主席伯纳德·麦道夫在 2008 年美国金融危机发生之前是华尔街的传奇人物——追求完美无瑕的从业记录，致力于公平交易，并保有高尚的道德标准。但是，谁也不会想到，在长达 20 年的时间里，麦道夫编造着高达 500 亿美元的投资骗局，将各个国家各大知名银行、华尔街的知名对冲基金公司、金融机构、知名人士等玩弄于拳掌之间。

麦道夫利用在美国多个城市编织的关系网接触投资者，并利用他的权威形象给投资人吃迷魂药。在许多人看来，把钱投给麦道夫是身份的象征。他掌握投资人心理，新投资人的加入全靠既有投资人的“邀请”而非主动上门，这不仅增强了入围者的珍惜感，也消除了新投资人的怀疑，因为他们信任那些邀请自己加入且已经赚到钱的引路人，渴望自己同样会赚个盆满钵满。

时钟戛然停止在2008年12月初，随着美国次级贷危机演变成金融风暴，华尔街大批银行和投资机构倒闭，投资人的资金全面吃紧，大量客户开始赎回在麦道夫公司的投资款。当一个客户要求赎回70亿美元的投资款时，麦道夫难以为继，诈骗案浮出水面。

为什么投资人的投资决策常常被误导？

从上述种种案例可以看出，投资人的投资决策常常会被误导。他们的认知能力容易被操弄，主要是因为人类有以下几项特质：

第一，人类的智力有限，无法对环境中所有相关信息进行了解和处理。

有时为了追求效率性，人类必须放弃耗时、耗力、复杂的决策，转而使用更简单、更原始、更单一的处理方式。就如许多投资大妈，只花几分钟就做出了数十万至数千万的投资决策，但却为了几块钱，花数十分钟跟菜场的小贩讨价还价。做大金额的投资时追求办事效率而忽略达成效果，花小钱买菜时却追求达成效果而牺牲办事效率，本末倒置了！

第二，有些投资人自身的投资专业能力有限，他们所做的投资决策已超出了其本身所处的能力圈，这是因为人类具有“自视过高倾向”。

何谓“自视过高倾向”？即人类一旦拥有某种东西，对这种东西的评价就会比尚未拥有时要高；人类一旦做出决策之后，就会觉得自己的决定很好、很正确，甚至认为事态发展的情形比做决定之前还要好、还要有利于自己。正因为此，人们会常常忘记自身所处的能力圈，而超越本身能力去做投资决策。

第三，人类从小就敬重家长、老师、医生、官员、老板、执法者的权威。

敬重权威可以带来一个好处，就是不太需要用大脑思考，省心又省力。但也因为这样，人类常常不会认真思考：这个权威是真正的专家吗？这个专家说的是实话吗？事情真的是这样子的吗？

第四，人类认知能力易被误导，有来自时间的压力，有来自“必须快速决定”的压力。

在人类从猿到人的进化时期，人们居住和流徙于热带、亚热带的森林中和湖岸河边。为了对付十分困难和严峻的生活环境，便结成几十个人的小群体，即原始群，并以群体合作的方式依靠集体的力量生存，以取得自己的生存优势，这对人类生存至关重要。这种情况下，为了保留在原始群内的资格，避免被群内其他成员怀疑，人们在遇到问题时习惯运用固定的思维思考，以便迅速做出决定。这种群体合作，抗拒改变的思维，有助于更快速做出决定；但也因为这种快速决定和抗拒改变的思维，导致人类认知容易出现大量错误。

第五，人类认知能力易被误导，有来自人情的压力。

人类具有社会认同的倾向，在判断“何为正确?”“何谓错误?”时，人们常会根据自己的意见行事，尤其是觉得对方跟自己相似的时候。这全是无意识的条件反射，就如上面所提的火鸡、蚂蚁和蜜蜂一样，容易因为要取得同伴的社会认同(人情)，做出无知的行为。也如人们看电影时，听到大家笑自己就跟着笑，看到大家鼓掌自己也就不自觉地跟着鼓掌。投资人看到亲朋好友或公司同事买了某只股票后，也会马上不假思索地跟着买入。

第六，人类认知能力易被误导，有来自被剥夺的压力。

当我们得不到自己想要的东西时，我们的身体就会亢奋起来，因为人类参与稀缺资源竞争的感觉，有着强大的刺激性，渴望拥有一件大家抢着要的东西，是人类本能的身体反应。一个人获得100万元的快乐，并不是正好等于失去100万元的痛苦，也就是失去所造成的伤害，比获得带来的快乐多很多。如果某个人非常渴望的东西快要消失时，那他的反应就会变得非常激烈。

第七，投资野心大于投资才智。

人类因为衰老得太快，聪明得太慢，在创富投资的过程中往往急于快速致富，如此会促使自身投资野心的膨胀。这野心，极易蒙蔽投资人的眼睛，使其失去理智，如此而变得纯粹、无知，就像低等动物一般，等着别有用心的人利用人类思维的缺陷，操纵投资人的头脑，做出伤害投资人利益的事情。

从以上若干项人类心理特质、动物和人类的各种真实案例中得知，投资人若仅仅以认知能力(智)作为投资判断的依据，那么这种认知能力很容易被那些别有用心的人误导或操控。作为一名创富投资人，仅仅拥有认知能力还不够，更需要以感知能力(慧)为辅助，更深层次地去感受外力的引导，体悟察觉本身的认知能力是否被误导。只有这样，投资人才能摆脱被人操弄的命运，进而才能够靠创富投资智慧，为投资创造实质收益。

第三节

何为智？何为慧？

我们常说，急中生智和静极生慧。

所谓智，指的是——看清世间事，也就是看清所有人、事、物；

所谓慧，则是指——悟出世间法，也就是悟出大道运行的常规。

创富投资一事亦是如此，投资人要：力行用智，去看清楚所有投资相关的人、事、物；并能靠慧，去搞明白所有投资运行的道理、规则。

投资人若能得智，就容易看清投资目标的本质特性；若想得智，则宜通过观察世间万物，以认知事情原委，可以借由培训本身的逻辑推理能力，以理智和渐近的方法学习之。

投资人若能得慧，就能够领悟投资运作的基本原理；若想得慧，则须用心感受世间变化，以感知转变道理，可以借由培训本身的体悟觉察能力，以慧根和顿悟的修行体验之。

简而言之，智和慧在创富投资的力行过程中分别是：

智——以逻辑推理，理智渐近，学习“观察→认知能力”的过程；

慧——以体悟觉察，慧根顿悟，体验“感受→感知能力”的过程。

因为客观世界充满了规律性，主观思维才具有逻辑性。

智，要看清世间事，靠的是观察和推理。

观察的重点是什么？

观察过往客观投资世界的规律性，排除非规律性的因子。

例如，2015 年的 5 月股票大涨了，以后每一年的 5 月都会大涨吗？当然不会，因为股票大涨的时间是不具有规律性的。

又如，从 2005 年 6 月到 2007 年 10 月，我国一年期存款利息从 2. 25%升到 4. 14%，上证指数从 1000 点上升到 6124 点，以后每一次的升息过程都会刺激股市大涨吗？当然不会，因为股市大涨的诱因有很多，且不同诱因在不同时刻导致的结果可能截然相反，升息对股市上涨不具有必然的规律性。

再如，2005 年 7 月起人民币开始升值，当时也恰是股市低点，2005 年 6 月 6 日是当时最低点，股指仅仅 998 点。巧合的是，随着人民币的升值，股指同步进入上升通道，直至 2007 年 10 月 16 日当时的最高点 6124。股市大涨是因为人民币升值吗？显然不是，2015 年 6 月之前人民币都处于升值通道，但是股市涨涨落落，不亦乐乎。可见，人民币升值对股市上涨不具有规律性。

因此投资人要有观察和辨别能力，不可以把单次性的偶发性事件，当作投资的规律性，并且把自己的投资逻辑性建立在这些偶发事件之上，或建立在非规律性的因子之上。

慧，要悟出世间法，靠的是反思和感悟。

反思的重点是什么呢？

反思本身对投资主观判断的推论，检验和感悟主观思维推论的逻辑性是否建立在客观世界的规律性之上。

掉下的苹果让牛顿发现万有引力

牛顿坐在果园里，靠着一棵苹果树休息，突然听到"咚"的一声，一只苹果掉落到草地上。他又观察到第二只苹果从伸出的树枝上落下，在地上反弹了一下，仍旧落在草地上。他反思，为什么苹果是从上往下掉而不是从下往上升呢？后来他通过论证发现，原来地球是有引力的，能把物体吸引到地心。这就是"万有引力"的雏形，把主观世界的逻辑性推论（地球上的东西都是从上往下掉落的）建立在客观世界的规律性之上（万有引力）。

阿基米德帮国王鉴定金王冠发现浮力定律

有一天国王要阿基米德帮个忙，让他辨认一下从当地一个金匠手中买来的金王冠是否掺了别的金属，但不能弄坏王冠。阿基米德苦思冥想，一天洗澡跨进浴缸时，他看见原来满满的整缸水溢了出来，意识到从浴缸中排出去的水量刚好等于他浸入水中的身体体积。这就是解决问题的方法！他把王冠放到盛满水的盆里，然后称一称被王冠排出去的水量，就可以知道王冠的体积；再称出王冠的重量，和同样体积的纯金重量比一比，看看是否一样重，问题就解决了。这就是阿基米德“浮力定律”的雏形，把主观世界的逻辑性推论（重量相同的物体，密度大的体积就小，以此可以判定物体的成分）建立在客观世界的规律性之上（浮力定律）。

17 岁的伽利略发现摆的等时性

17 岁的伽利略，无意中观察到悬在天花板上的挂灯微微晃动，并且在挂灯摆动逐渐平息的过程中，每次摆动所用的时间并不改变。伽利略反思，是不是其他的摆动也和吊灯一样，每一次摆动的时间和吊灯摆动幅度的大小没有关系？吊灯的轻重也不影响每一次摆动的时间呢？深入研究后，他发现了单摆的等时性。同样是把主观世界的逻辑性推论（无论轻重、无论摆幅，物体每一次摆动所用时间不变）建立在客观世界的规律性之上（单摆的等时性）。

上述科学家的观察和反思，体现的都是客观世界的必然规律，由必然规律导致的结果同样具有必然性。在投资界，需要观察分辨的就是那些具有必然性的客观影响因子，反思具有必然性的主观推论。

第四节

投资领域追求智慧双修

为什么广告词要用尽各种描述和美化?

日常的生活中，我们常常遇到这样的情况。

保健品或饮品的厂商为了促进销售，利用各种广告来改变消费者的认知。例如，某药酒含有100味秘方好药，包治百病；某贴布散发的高强度生物能量波可以渗透人体，唤醒沉睡细胞；某功能性饮品富含活力因子，可有效提升智商；等等。

各种广告词纷纷强调某种植物或水果所具有的特殊疗效和功能，并以此来改变使用者的消费认知行为。

但对一位具有感知能力的消费者而言，他就可以依靠感知能力感受到这些厂商的吹嘘，体悟察觉到实虚之间的差别。其实，人们对于每一种植物或水果，都可以说出它的101个优点，也都可以说出它的101个缺点。而广告商宣传所言的产品成分，全部选自该植物或水果的101个优点，而对其101个缺点只字不提。鉴于消费者具有这样的感知能力，他的认知能力就不太容易被误导或操弄，也不会轻易受骗。

为什么玩骰盅仅靠认知无法提高胜算率?

我们在玩骰盅或玩牌的过程中，也有类似的经历。

假设两位玩家，骰盅里各有五颗骰子。“唰唰唰”骰子滚动停当，经过几轮叫牌后，一方喊出五个“3”时(表示双方呈现“3”的骰子个数之和大于或等于五个)，另一方是继续加码喊进(例如追加到六个“3”)，还是喊“开”呢(表示不相信双方呈现“3”的骰子个数之和大于或等于五个)?

骰盅高手的做法是，不仅仅要利用认知能力去猜测对方的牌局以判断双方到底有几个“3”，更需要利用感知能力，从对方喊牌的口气、眼神、动作中感受其喊牌的真实性，即对方喊出的五个“3”是夸大了，还是保守了。唯有将认知能力(智)和感知能力(慧)齐头并进，才能成为玩牌的常胜军。

田忌用同样的三匹马参赛，为什么输赢结果完全不同？

《史记》中所记载的“田忌赛马”，这个众人皆知的经典故事里，不同的赛马结果，归根结底就是认知能力和感知能力的协同作战。

公元前4世纪的中国，处在诸侯割据的状态，历史上称为“战国时期”。在魏国做官的孙膑，因为受到同僚庞涓的迫害，被齐国使臣救出后，到达齐国国都。

齐国使臣将他引见给齐国的大将军田忌，田忌向孙膑请教兵法，孙膑讲了三天三夜，田忌特别佩服，将孙膑待为贵宾，孙膑对田忌也很感激，经常为他献计献策。

那个时候，齐威王爱好骑马射箭，经常喜欢和别人比赛，并且赢率高达八九成。有一天，齐威王要和大将军田忌比赛，并且许下五百金作为赌注。赛马规则是，双方各出三匹赌马，每场比赛中双方各出一匹马竞争，三局两胜者判为最终赢家。

结果，每一场的比赛田忌都落败，最终输掉了五百金。这次惨败，是因为田忌没有观察到，也没有认知到，自己三匹马的脚力都不如齐威王同等级别的三匹马，导致稳输不赚。田忌错误的认知能力是惨败的根源。

田忌回家后闷闷不乐，把赌输马一事告诉了谋士孙膑。孙膑安慰他说：“下次有机会带我到马场看看，也许我能帮你。”

下一次赛马时，孙膑随田忌来到赛马场，满朝文武官员和城里的平民也都来看热闹。孙膑了解到，参赛方的三匹马，按奔跑的速度分为上、中、下三等，等次不同装饰不同，各家的马依等次比赛，比赛采取三局二胜制。

孙膑仔细观察后发现，田忌的马和其他人的马在赛跑能力上相差并不多，田忌之前的失败只是比赛策略运用不当。于是，孙膑告诉田忌：“大将军，请放心，我有办法让你获胜。”田忌听后非常高兴，随即以千金作为赌注邀请齐威王与他赛马。由于齐威王在赛马中几乎稳赚不赔，感叹又是一个准备来送死、赔钱的，欣然答应了田忌的邀请。

比赛开始前，孙膑对田忌说：“第一局，你把下等马当作上等马，与齐威王的上等马比赛；第二局，用你的上等马与齐威王的中等马比赛；第三局，再用你的中等马与齐威王的下等马比赛。这么颠倒一下次序，就行了。”果然，田忌虽然第一局输给了齐威王，但第二局和第三局都取得了胜利。比赛的结果是三局两胜，当然是田忌赢了齐威王，得了千金赌金。

因为第一轮比赛中，田忌败在没有用“智”去看清赛马事——了解彼此赛马脚力的差异，对自己三匹马脚力的认知能力不足，以为自己三匹马的脚力可以分别与齐威王同等级别三匹马的脚力一比高下，结果田忌的每匹马都不如齐威王同一等级的马。

而第二轮中，谋士孙膑用感知能力弥补了田忌认知能力的不足，通过调换马匹的出场次序，终以三局两胜取得了比赛的最终胜利。

在这个家喻户晓的典故里，孙膑异于常人地感知到，赛马的比赛规则是三局两胜制，也就是以感知能力(慧)领悟到赛马的游戏规则和运行精华所在，知道从那个缺口介入，改变出场顺序，不求三场皆赢，但求获胜两场。

在投资领域中，也是相同的道理。我们常常随着外在环境的变化，得到被操弄过的投资信息，进而改变了自身原有的认知，做出错误的判断。

在股市大涨时，投资人很容易受到各种报章媒体、投资名嘴的影响，改变原来的投资认知，把原来的“本益比”(市盈率)决策——以市盈率的高低作为股价合理性的判断依据，改变为“本梦比”决策——股票价格远远超过股票价值时，仍坚信该企业未来有个大梦想会实现。

为什么牛顿可以计算出天体的运行，却无法计算出人类的狂热?

有鉴于此，就连具有超高智商且聪明无比的伟大科学家牛顿都中过招。

牛顿除了发现地心引力、阐述了三大运动定律外，也曾经醉心于对财富的渴求，在1720年英国著名的“南海泡沫”中，他是早期投资南海公司的股东，在获利100%之后出清了该公司的股票，获利了结。然而，在那之后，因为外在环境的变化，南海公司的股价仍然节节攀升，超出公司基本面所能支撑的价格范畴。当时，投资大众纷纷开始把本益比(市盈率)变成了本梦比，牛顿的投资认知也被改变，最终没能抵抗住投机冒险的诱惑，以更高的价格买回更多南海公司的股票。结果可想而知，最后损失惨重。

牛顿在惨赔出场之后，说出了一句投资界的名言："我可以计算出天体的运行，却无法计算出人类的狂热。"

在牛顿的内心层面，我猜测他最后对创富投资的感受是："我可以用认知(智)来计算天体的运行，但却无法感知(慧)人心对金钱的算计。"

牛顿所处的投资时代与我们现在所处的投资时代相差将近300年，但人类的认知能力和感知能力却大同小异，差异远没有300年那么长。

为什么投资人会用"本梦比"买入众安在线的股票?

众安在线是一家成立于2013年的财产保险公司，并于2017年9月28日在香港证交所上市，股本14.7亿股。上市首日开盘价达69港元，并于2017年10月6日上涨至历史最高值93.65港元。随后进入漫漫下跌路，2018年8月底的股价约33港元。

看一下众安在线的经营业绩。从众安在线的招股说明书和2017年的年度报告中看到，营业收入从2014年的8亿元人民币上升至2017年的55亿元人民币；而2014~2017年归属于母公司的净利润依次仅为0.37亿、0.44亿、0.09亿和-9.97亿元人民币。以2016年的每股收益和2017年9月28日的首日上市价格69港元来看，当时的市盈率将近10000倍！投资者却花了69港元去抢来原始1港元的股票，且该股票的成长性尚处于完全不确定的状态。换作2018年8月底的情况来看，众安在线的市盈率更不堪，是负数！

投资者的热情或许是被众安在线的明星效应点燃的。众安在线的前三大股东分别是蚂蚁金服(持股比例为13.53%)、腾讯计算机系统(持股比例为10.20%)、平安保险(持股比例为10.20%)，三大投资方的领导人均姓马，俗称"三马"——阿里巴巴马云、腾讯马化腾、中国平安马明哲。"三马”加上互联网和金融科技的标签，妥妥地改变了投资人对众安在线的认知，让他们愿意花 69 港元换回当时 EPS（每股基本收益）不足 0.01 港元的众安在线股票，市盈率将近 10000 倍。要知道，众安在线上市时，于 1988 年成立的保险业中流砥柱——中国平安的市盈率才 10 倍。

这些投资人忽略了众安在线的基本面，没有从感知的角度去挖掘。保险行业的发展有一个共性，行业内企业的成长轨迹如同“椰子树”一般，初期要花很多年的时间去长直身杆，而不会长果子。据了解，高约 25 米的椰子树需要 6~8 年方可开花结果。保险行业的企业，起步发展时期难以赚钱，平均要花 8 年时间，待形成规模经济后再打翻身仗，开始获益满盆。

众安在线成立于 2013 年，这几年尚处于事业发展的起步期，其综合成本率[①]持续增高，年年高于 100%，意味着公司的保险业务持续亏损。众安在线的综合成本率过高是因费用支出过多所致，互联网销售虽然省去了线下渠道费用，但不得不付出高额的流量费，例如销售退货险时向蚂蚁金服支付的费用，又如销售航空意外险时向携程支付的费用等等。

投资人未对保险行业初期的发展特性建立起感知能力——保险行业平均熬过 8 年才会有所建树，反而被“三马”的名人效应和互联网、金融科技的潮流呼唤改变了认知，做出了 10000 倍本梦比的投资决策。相比早其 25 年诞生的中国平安 10 倍的市盈率，这场梦是否太虚幻了呢？

医学院的学生，通过努力学习医学基础知识，临床诊断各种病例，才能学会行医的本领，掌握精深的医术；电子工程专业的学生，通过广泛学习学科知识，大量参与实验研究，才能学会专业知识，完成相关课题研究。医学、电子、机械、建筑、乐器、语言等多门学科，学生经过用心学习，一点一滴积累专业知识，只要肯努力，终有学成的那天，把所学运用到实践中，即可创造实际效用。但在投资界，如果想成为常胜军，并没有办法单靠专业知识就能达成。

投资界需要练就的基本功，和上述一般领域的专门学科不同。投资，除了要用“智”去形成和增强专业认知能力外，相比其他学科，更须用“慧”去截取和扩散自身领悟的感知能力。

投资人要练就的投资基本功，单纯通过聪明才智、高 IQ、高等数学、

① 综合成本率由赔付率和费用率组成，高于 100%便意味着公司的保险业务持续亏损。

高等分析、勤奋学习等是难以达成的，而是要搭配更多的历练，更多的细微观察，更多的宏观思维，更多的反省检讨，更多的“为什么”，更多的觉醒领悟才能达成。

在创富投资的过程中，一般投资人的学习方式通常有两道：

读书是一道，因为读书可以明理；

历练是另一道，因为历练可以获得经验。

很多投资人确实在这两道上很认真、很努力地去从事，看了很多如巴菲特、芒格、索罗斯等投资大师的书籍，借以明理；听了很多有关投资的课程，也实际到金融投资公司、股市里去历练，借以获取经验。这些做法看似都取得了将近满分的好成绩，但投资结果最终还是以赔钱收场。

这是什么原因？

是因为在读书和历练两道之间，还缺少一个“悟”字。

创富投资的学习方式，除了要读书明理，要历练进步，若想最终获利，还是要靠“悟”出投资法。

总而言之，投资人要实现创富目的，就是要学会“看清投资事(智)和悟出投资法(慧)”，也就是，

认知：首先，能够靠观察、推理，以渐近的方式理智学习，看清所有关于投资的人、事、物；

感知：其次，需要用心感受投资环境的变化，以检讨、反省、领悟的方式悟出投资的大道理和投资运行的规律轨迹。

因此，本书的重点就是和投资人一起互相讨论、互相学习创富投资智(认知能力)和慧(感知能力)这两件事情，以利在创富的过程中，除了能看清投资事，还须悟出投资法。

第五节

先要筑智(认知能力),再来建慧(感知能力)

看清投资事和悟出投资法,前者是认知能力的形成和增强,后者则是感知能力的截取和扩散。看清投资事和悟出投资法这两者之间,如何相互协调并加以运用?或者,这两者的建立是否存在先后顺序之差别?

现实中,有些人梦见了和某只股票相关的事物,或是看到了某个神迹、某个触动心灵的景象,顿时觉得自己感知到某个极具潜力的投资目标,适合马上投资,或自己顿悟到某些投资决策可以启动执行。

看到铁树突然开花就联想到"老天爷要我发财",结果呢?

有人发现家里的铁树突然开花,或是在路上偶遇一位手捧财神爷雕像的过路人,抑或是看到马路上奔驰着一辆车牌尾号为 4 个 8 的跑车,从而联想并感知到——老天爷一定是想让我发财了,于是就开始了投资行为。又如,有的人则是到宗庙或教堂,突然发现或感觉到某种神迹,隐约看到某些数字,就进场买进相关号码的股票或彩券。这样做投资,结果可想而知,以毫无根基的认知现象为始,以求得似曾相识的感知,自然难以达到意向中的投资创富之终。

这一类看似具有前因后果的失败投资事件,正是因为搞错了看清投资事和悟出投资法的先后顺序,误解了这两者的真谛。如果投资人在尚未看清投资事之前,就自以为是地认为自己悟出了投资法,那么投资的最终常常是以"失败"收场。也就是说,投资人若本身不具有很强的投资认知能力(智),无法先看清与投资相关的人、事、物,而一味地想借由感知能力(慧)顿悟天启、以发大财,那都是白日做梦。这种做法,有如部分学佛的人,不从经书、修行、吃斋念佛等一道道苦练的程序起步去渐悟,不经历先破我执,再破法执,最后破空执的成佛步骤,却老是想着,只要口中常念“阿弥陀佛”，就能够马上领会“放下屠刀，立地成佛”的顿悟过程，误解了成佛之道。世上，顿悟的修行，几乎都发生在极少数长久修炼得道的高僧身上。其实，高僧们也历练了人生很多渐悟的过程，并且他们自身的顿悟往往建立在过去许许多多的渐悟基础之上。

渐悟的过程，相对而言，偏向王阳明心学学说，强调“事上练”(要在事情上训练和磨炼)的过程，必须经历诸多艰辛和磨难。因此，许多投资人不愿接受长久的煎熬，总是希望能够突然顿悟，轻松想象就能发大财。

好比去赌场赌博，虽然人们平时都知道十赌九输的说法，但为何那么多的赌徒还是前仆后继地下注？因为大部分赌徒在下注之前都自认为自己是会赢的那一位，而输的那九位肯定是别人。切忌成为这种思维方式下的投资人，这种获取财富的方式是岌岌可危的。唯有将感知能力(慧)架构在夯实的认知能力(智)基础之上，才是创富投资的正道。

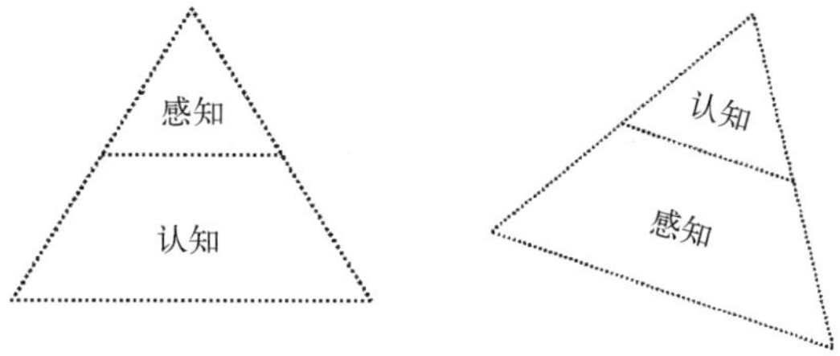

下面我们通过几个例子将下层基础和上层建筑的关系再深一层次地讲解一下。

所谓的下层基础，指的是要先筑起投资的必要条件“智”——认知能力；

所谓的上层建筑，指的则是在下层的基础上，再构建起投资的充分条件“慧”——感知能力。

为什么诸葛亮和司马懿两位英才的生命轨迹大相径庭？

回顾一下，历史中三国晚期的两位重量级人物——诸葛亮和司马懿，这两位英才的生命轨迹大相径庭，后世的“待遇”截然不同。

诸葛亮，聪明绝顶，才能卓越，洞识大局，法眼看破世事迷局与人间真伪；诸葛亮活到54岁，出师未捷身先死，马革裹尸而还，北代中原的梦想失败了。司马懿，却能老谋深算，工于心计，极善用兵，独善其身而牺牲天下以利一己；司马懿活到73岁，文韬武略，享尽世间荣华富贵。

诸葛亮一生实践道义，鞠躬尽瘁，死而后已，最后病死军中，身死而后国亡，他的儿子也战死沙场，满门忠烈。而司马懿，一辈子装模作样，使用各种阴谋诡计，最后却能长命富贵，儿子称王，孙子称帝。

回望这一段三国历史，时至今日，经历了将近1800年的世事变迁后，敢问：

谁是司马懿的后代？→没人知晓！

司马懿的故居在哪里？→没有被保存下来！

司马懿的坟墓去哪儿了？→找都找不到！

那么诸葛亮的命运呢？历朝历代都在修缮他的故居和坟墓。从唐朝开始，每个朝代都在武侯祠供奉诸葛亮的灵位，诸葛亮的子孙遍布全国，人人都以姓诸葛为荣，以诸葛的后代为傲。但是，听说过有人自称是司马懿的后代子孙吗？没有，这是为什么呢？

诸葛亮短命的一生中，虽然利用很多奇谋攻城略地，也曾使用诈术逼迫敌手就范，但他的阴谋是建立在阳谋基础之上的，私德是建立在公德基础之上的，暗斗是建立在明争基础之上的，诈术是建立在法治基础之上的，私爱是建立在大爱基础之上的——不论成败，只论对错。

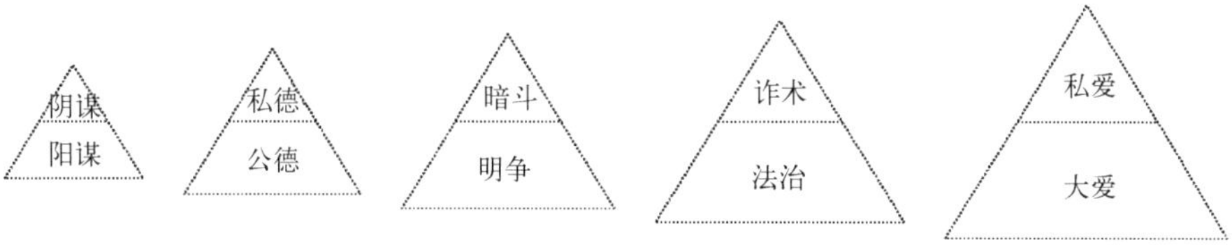

反观司马懿长命的一生，他也建立了许多赫赫战功，击败所有敌手，彪炳一世。但他却是使用阳谋来包藏自身的阴谋，用公德来包藏自身的私德，用明争来包藏自身的暗斗，用法治来包藏自身的诈术，用大爱来包藏自身的私爱，他一生所追求的——不论对错，只论输赢。

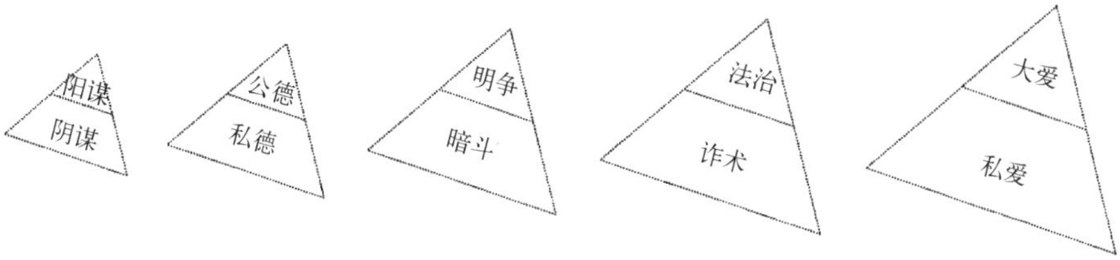

可见，司马懿和诸葛亮的不同生命旅途，以及他们后代所受到的不同待遇，源于两人完全不同的思维逻辑，源于是否将“下层基础”和“上层建筑”本末倒置了。

“田忌赛马”是如何先筑智再建慧的？

回过头来再温习下“田忌赛马”的典故。

在第一轮的比赛中，田忌选出三匹赌马与齐威王的三匹马竞赛，结果三局全输。之后谋略主角孙膑通过仔细观察发现，双方战马在能力上相差不大。田忌的上等马虽然不如齐威王的上等马，但强于齐威王的中等马；田忌的中等马虽然不如齐威王的中等马，但强于齐威王的低等马。

以孙膑这样的认知能力为基底——看清每匹上、中、下等赛马的脚力，他建议，调整三匹马的出场顺序，用田忌的下等马对抗齐威王的上等马，用田忌的上等马对抗齐威王的中等马，用田忌的中等马对抗齐威王的下等马，就能取得后两局的胜利，按照“三局两胜”的规则来评判，田忌王者归来！孙膑所提议的善用自身长处来应付对方短处，以取得竞技的胜利，这一良策是由孙膑的感知能力——体悟察觉到赛马比赛规则的运行道理所决定的。

从典故中可以看出，策略性的感知能力很重要，是赛马决胜的关键，是获胜的充分条件；同时，挑选马匹这一基础性的认知能力，更是判断能否依赖策略性感知能力以赢得比赛的前提所在，是获胜的必要条件。

我们来设想一下最糟糕的情况。如果田忌的上等马还不如齐威王的下等马，那从简单的感知能力就可以知道，这场比赛田忌是稳输的，任何策略都帮不上忙，连比都不用去比。而稍好一点的情况是，田忌的上等马不如齐威王的中等马，中等马不如齐威王的下等马，那么即使孙膑的感知能力再强，也一样无济于事。如果没有必要条件，只谈充分条件，其实就是白谈。最好的情况正如典故所说的，让孙膑的谋略有了用武之地，把感知能力架构在认知能力之上，先有了必要条件，才能把充分条件叠加上去。

可见，先有扎实的认知能力，再加以强大的感知能力，则万事俱备，先看清上、中、下每匹马的脚力，再来调整比赛的出场顺序，就可以胸有成竹地迎接三局两胜的挑战。

会骑自行车的人，为什么只要想着家的方向，就能骑回家？

我们常常说，潜意识和下意识这两个词。通俗来讲，潜意识中，我们知道如何走路，如何跳跃，肌肉如何联动，手脚如何搭配；而当我们一旦看到有车辆向自己驶来时，便会立即往安全地带一跳，逃避危险，这就是下意识，下意识地应对突发的危险状况。潜意识和下意识的行动都是不假思索的，对这两个词的学术解释，就留给心理学家了。下面来说说潜意识和下意识与认知能力和感知能力的关联。

骑自行车，是大多数人都会的一项技能。从理论上讲，骑行时是通过身体各肌肉群协同作用而让车轮滚动起来的。只是我们不用通过自身的思维能力去想各肌肉群是如何协同的。

①大腿正面的股四头肌如何在每一次向下蹬踏时推动腿部和膝部？

②臀大肌如何在我们划动脚踏通过圆周的最低点时参与进来？

③大腿后肌如何在划动脚踏弯曲膝盖的过程中被用到？

④小腿后肌如何将大腿正面的股四头肌和大腿后肌产生的力量通过脚板和脚趾传递出去？

⑤背部和腹部的核心肌群如何帮助我们的身体在骑行时呈坐姿？

⑥肩部以及手臂的肱三头肌和肱二头肌如何帮助我们的身体保持稳定和平衡？

⑦前臂肌肉如何做到持续抓握车把以及随时捏刹车？

……

如果我们真的去想如何通过以上步骤去骑自行车，可能就不知怎样骑车了，或者总是摔倒在马路上。

骑自行车回家时，我们要做的只是跨上车座、握好车把、踩中踏板，然后下意识地想着回家，我们的潜意识就会帮忙完成剩下的事情——骑行并回到家。

对于一个小时候学过骑自行车并经常骑着自行车回家的人而言，如何骑行已经被记录在潜意识(又称祖先脑)中，属于认知能力范畴；而去往哪里——回家目的地，则储存在下意识里，属于感知能力范畴。潜意识中的认知能力能够让自行车车轮滚动起来，而叠加下意识里的感知能力，才能前往既定的目的地——家。

我们经常可以看到，一个人骑着自行车，吹着口哨，想着爱人，轻轻松松不自觉地就骑车回到家了。无须依赖思维能力想着回家的路线(感知能力)，也无须思考如何运用双脚让自行车车轮滚动起来(认知能力)，正所谓——不假思索。

这个骑自行车回家的人，如果之前没有利用认知能力把骑自行车的技能存储在自身的潜意识之中，单凭存储于下意识中的感知能力想着回家，那大概只能靠两条腿走回去了。只有先拥有骑自行车的技能，才能在想着回家时骑车前往目的地。所以说，感知能力必须架构在认知能力的基础之上。

只有把走路、骑自行车、骑助车、开车等基本能力训练好(认知能力的管辖范围)，才能花最短的时间、走最短的路线，快速到达目的地(感知能力的管辖范围)。在投资领域，要想把投资做对(Do the right thing)，得到成功投资的结果，就要把基础工作做好，例如树立正确的投资逻辑、培养合适的研究方法、制定切实的判断准则等等。

投资前的研究属于认知能力的培养，训练投资人看清和投资相关的人、事、物；而投资决策的启动，则是建立在对投资对象的认知能力上，去领悟投资运行的法则和轨迹，让感知能力落地。

股市分析的四个面，孰先孰后?

在股市投资中，我们常常从“四个面”来分析和审视股市走势——基本面、资金面、市场面、技术面。

基本面，简言之，指总体经济的变化。

对于大盘而言，基本面观察和推断的是整个股票市场赖以发展的宏观经济环境。例如国际国内的经济走向、政府倡导的重点发展行业、GDP 变化、采购经理人指数(PMI)的变化等；

对于个股而言，基本面观察和推断的是上市公司的资质，例如所属行业性质、企业发展地位、盈利能力、运营能力、偿债能力、发展能力等。

资金面，简言之，指投资资金的进出。

资金面观察和推断的是资金和筹码供求关系的平衡和变化，也就是大盘或个股资金的流入和流出。市场中的资金，包括证券投资基金、券商资金、保险资金、社保基金、私募基金、QFII、国家队资金(例如中央汇金投资有限责任公司)、散户资金等。

市场面，简言之，指市场参与者的改变，又称消息面。

市场面观察和推断的是市场主体在股市中的表现。例如，政府政策导向(中国股市尤其受到政策的推动)，机构或个人投资者的投资热情及参与程度，上市公司高管的持股态度，世界政治、经济、金融等各类消息的变化等。

技术面，简言之，指股市线图的转折。

技术面观察和推断的是股市线图的变化及对股价变化的影响。技术面分析的种类很多，从东方人常用的股票成交量与成交价走势的K线图，到西方人常用的条形线闪电图；从各种周期理论、几何形态、道氏理论，到众多的技术指标。投资者希望通过对市场历史的重演，找出股市涨跌的规律。

虽然分析股市的四个面各有侧重，但按其重要性排序，依次为基本面、资金面、市场面、技术面。依古代的哲学思想，现代所提的基本面是在“道”的智能层面，而市场面、技术面则是在“术”的手段层面。也就是说，在做股市投资判断时，要先从基本面出发，从大道出发，基本面被确认的情况下再看资金面，资金面被确认的情况下再看市场面，最后才看技术面。技术面只是术的手段，而不是道的本质。

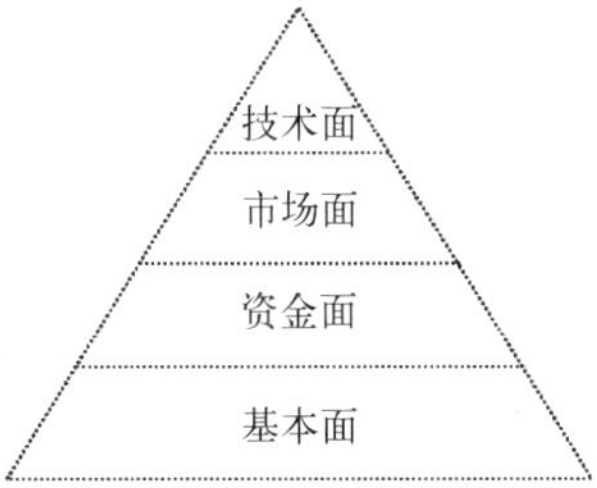

很多失败的投资人，就是因为事先未了解投资股票的基本面，而是直接从该股票的市场面或技术面着手。例如，听到某只名牌股票的消息，或者看见某知股票的技术线形变化，就决定买卖。相反，成功的投资者，会事先对该只股票的基本面和资金面涉及的人、事、物做充分了解和分析

(认知能力的形成和增强),等到该股票的市场面消息或技术线形发生变化,出现明显的买进信号或卖出信号时,才决定买进或者卖出(感知能力的截取和扩大)。

一般赌徒和职业赌徒有什么差别?

相同的概念,人们经常把投资和赌博联想在一起,理由很简单,两者从本质而言都是玩概率。让我们来了解一下一般赌徒和职业赌徒的差别。

一般赌徒的做法是,为了赢钱而玩起“运气游戏”。他们把自己置于运气之神的摆布之下,追求赌运气能赢钱的刺激;相对地,职业赌徒明确知道他们玩的是“胜负概率游戏”,只会在自己赢面较大时下注,他们的诀窍不仅仅是计算概率,也会寻求胜负天平倾向于胜利时刻的赌博机会。因此,长期来看,职业赌徒的收益往往大于一般赌徒。

电影《决胜 21 点》讲述了几位数学天才少年大闹赌城拉斯维加斯的故事,形象地描绘出职业赌徒的高胜算率的玩法。

坎贝尔是知名大学麻省理工的新生,他超常的数学运算才能被罗萨教授一眼看中。教授邀请他加入由数学天才组成的“特殊团队”,经过一系列精心准备和集训后,专攻当时赌场上风行的“21 点”游戏。这些数学天才们分坐在不同的赌桌上,先用小小的押注和庄家对抗,团队首领则在赌场里“四处游逛”,等待机会。数学天才们通过精密的计算和对数字的把握,当发现胜算率变得很高时,就把手背到身后,暗示首领“可以过来押大的赌注了”。此时,首领坐到那张赌桌上,大把押下赌注,大概率地会成功。最终,“特殊团队”狂赢三百多万的美金。

这说明,职业赌徒在赢面较大时才下注,他们把这种机会时刻的搜寻,建立在胜负概率的计算之上。成功的投资者,也是将判断投资对象的感知能力建立在对该投资对象的认知能力基础之上;股票投资的技术面和市场面分析必须建立在对资金面和基本面的分析基础之上。

“7·23”甬温线重大铁路交通事故后,该不该买进中国南(北)车?

如果某个股票的基本面是值得投资的,但是因为一些事件的发生,导致技术面的线图大幅跌落，即该股票的企业价值（由基本面决定）已远远超过其市场价格（由市场面和技术面决定），此时只要判断该事件的性质——是归类于偶然性事件还是必然性事件，就能大胆做出是否买入的决定。以下将举例说明。

2011 年 7 月 23 日周六 20 点 30 分左右，北京南站开往福州站的 D301 次动车组列车运行至温州市境内时，与前行的杭州站开往福州南站的 D3115 次动车组列车发生追尾事故。导致 D301 次列车的第前四节车厢以及 D3115 次列车的后两节车厢脱轨，部分车厢从高架桥坠下。这就是让人心痛的“7·23”甬温线重大铁路交通事故。

事故的发生，很快在资本市场上得到反应。周一沪深股市不出所料，跳空低开，呈现单边下挫走势。受事故的影响，铁路基建板块受到波及，铁路概念股成为重灾区，领跌两市，当天跌幅达 6.67%，恐慌性抛盘纷纷涌出。其中，负责动车组车辆制造和维修的中国北车下跌 9.69%，中国南车下跌 8.90%。同时，H 股的铁路概念股也惨不忍睹，中国南车重挫 14%。中国南车和中国北车从此一蹶不振，漫漫熊市持续了整整两年，直至 2013 年 6 月。

回到事发当时的情境，鉴于中国南车和中国北车股价的大跌，投资人是否可以勇敢买入？

从认知能力的角度来看，动车组撞车直接导致资本市场上中国南车和中国北车股价的大跌。从此，人民群众开始对高铁和动车产生不信任感，政府机构开始减缓甚至暂停在建的高铁和动车工程，本已喊出要走向世界的铁路概念企业纷纷收手。

投资人对整个事件的发生所产生的看法，属于一种个人自身认知能力的范畴；而对于该事件发生原因挖掘并判断是属于偶发事件或是必然事件，则属于感知能力的范畴。投资人要从感知能力的角度去体悟察觉此次撞车事件是偶然事件还是必然事件。若感知该事故是必然事件，根据对这件事的认知——事故导致相关企业股价大跌，人民对高铁和动车失去信任，政府放缓后续建设，那么中国南车或中国北车的股票永远都不值得投资。若感知它是偶发事件，那么就可毫不犹豫地趁着此次中国南车和中国北车的股票大跌，技术线图大幅反转而下之际，抓住最佳进场的买进机会。

我们来尝试判断这起事故属于偶然性事件还是必然性事件。

首先，在幅员辽阔的中国大地，高铁和动车是人们出行的重要工具，需求有增无减。因此，中国南车和中国北车的产品(车辆制造和维修)是有长期需求的。

其次，要了解和分析事故的责任原因。据披露，列车控制中心设备存在严重设计缺陷、上道使用审查把关不严、雷击导致设备故障后应急处置不力等因素是造成“7·23”事故的主要原因。

很明显，“7·23”事故是一场偶然性灾难。于是，当下能否投资该类股票的答案顺理成章地产生了——中国南车和中国北车的基本面值得投资，正是因为偶然性事件的发生，才在技术面让其市场价格远低于企业价值，大胆买入!

事实证明，中国中车(2015 年，中国北车和中国南车合并为中国中车)是股市 2014—2015 年行情的领涨股，也是在 2015 年牛市阶段中涨幅远超大盘平均涨幅的股票。2013 年 6 月 25 日，中国南车(后更名为中国中车)的价位是 3.1 元/股，之后逐步上扬，至 2015 年 4 月 20 日，最高价为 39.3 元，是最低点的足足 12 倍多，被冠以名副其实的“神车”。

如果在“7·23”事故发生后，投资人能将股市的技术面架构于基本面之上，并感知这次事故的发生属于偶发事件，果断买入中国南车或中国北车的股票，就能成功体验一把创富投资乐趣。

世界级投资大师巴菲特的合伙人芒格曾说过：

“巴菲特经常谈到要根据长期国债的当前利率，来估算出企业未来收益折现，以判断企业的现值。他真的会这样做吗?”芒格认为答案是“不”。他认为，巴菲特了解企业时，凭借数十年分析多家企业价值的经验，他的潜意识会生成一幅未来的图像，描绘出这家企业在 10~20 年后的样子。巴菲特可以借由现代和未来的两幅图像(就像不假思索地骑自行车一样)，简简单单地比较出现况和未来状况的差异，然后下意识就可以立刻做出是否投资该企业的决策。

可见，巴菲特在做投资判断时，并不需要按部就班地思考和计算每一个步骤，因为他的判断动作已经是下意识的感知能力，这种能力的基石就是经年累月、不断重复而形成的经验积淀，而历史的累积则是潜意识中的认知能力。

如果没有长年累月所积累的潜意识(祖先脑)，就无法让巴菲特直觉地形成下意识的判断，“下意识”正是建立在“潜意识”之上，“下意识”的正误正是基于“潜意识”的牢固程度。巴菲特投资的感知能力建立在其认知能力的基础之上，并经过经年累月的实践，逐步暗藏在他的下意识和潜意识之中。也就是说，巴菲特许多正确的投资判断，存在于自身下意识的感知能力之中，而这种能力又建立在他的认知能力之上——经年累月看清各种财务报表、投资个案等潜意识。

英国著名哲学家阿尔弗雷德·诺思·怀特黑德说过：

“文明的进步，就是人们在不假思索中可以做的事情越来越多。”

潜意识也就是这里所说的“不假思索的事”，就是由认知能力决定的、存在于头脑中的、根深蒂固的事。潜意识中的认知能力越强，可以不假思索地、自然而然地从事的事情就越来越多，人类就越来越文明。

如何看待都敏俊教授的超能力

2013 年热播的韩剧《来自星星的你》中，男主角是 400 多年前(1609 年)随不明飞行物到访地球的外星人——都敏俊。带着他迄今为止 4 个世纪的秘密，如今是大学讲师的都教授，独自在韩国首尔的天空下生活着，仍然拥有和初到地球时一样的年轻英俊外貌，并拥有着超天才的能力。他可以瞬间移动到船上，使用超能力停止时间，解救女主角千颂伊；他可以利用超能力瞬间移动，抱住女主角躲开神秘黑衣男子从楼上扔下的一个玻璃鱼缸；他可以突然出现，用手控制住一辆刹车失灵的正要冲下山崖的轿车，让女主角幸免于难……

都教授这些不假思索的超能力，虽然人类目前无法做到，但是，或许未来的我们在更文明的地方或更文明的年代，会自然拥有。这些由认知能力主宰的、深藏于心灵的事，无须经过思维就会自然而然地发生，人类正向着越来越文明的方向前行。

投资界的传奇人物未必永远都能做出正确的判断，正如金融大鳄索罗斯所说：“我也如一般人一样常犯错误；但我的过人之处在于，我会认识自己的错误，这便是我成功的秘密。”

是否会犯错误，属于人类认知能力的范畴；而能否认识错误，则属于感知能力的范畴。犯错误并不可怕，问题的关键在于，是否能够及时感知自身认知的错误，及时检讨并调整行动策略，用感知的结果去修正认知的过程，并让新的认知重新来指导和建立感知。

以上例子讲的是，凡事要先筑起认知能力(智)，再建设感知能力(慧)，先有了投资的必要条件，再建构起创富的充分条件，感知能力要建立在认知能力之上。投资创富要做得好，也是一样的道理。

投资野心要建立在投资智慧的基础之上；

慧要建立在智的基础之上；

术要建立在道的基础之上；

顿悟要建立在过往渐悟的基础之上；

感受要建立在观察的基础之上；

感知能力要建立在认知能力的基础之上；

充分条件要建立在必要条件的基础之上；

下意识判断要建立在潜意识技能的基础之上；

体悟觉察要建立在逻辑推理的基础之上；

悟出投资法要建立在看清投资事的基础之上；

利益判断要建立在价值判断的基础之上；

技术面要建立在基本面的基础之上。

投资判断，必须要把主观思维的“逻辑性”建立在观察过往客观世界的“规律性”上。

投资人听到有人报名牌，或感觉到某种神迹，抑或突然发现生活周遭的变化时，切不可靠着直觉反应做出投资判断。也就是说，在投资创富的过程中，“放下屠刀，立地成佛”的顿悟投资要建立在渐近学习和观察人、事、物的基础之上；赚快钱的心态必须建立在勤学投资逻辑和发掘事道运行原理的基础之上。

王阳明的”心学”和佛教的”佛学”主要差别在于，前者强调“拿起”，后者强调“放下”；前者强调“担当”，后者强调“解脱”。对于创富投资的路径而言，从心学和佛学的精意角度出发，应该是，放下要在拿起之基础之上；解脱要在担当的基础之上。先拿得起才能放得下；先有担当才能有解脱。

如今许多现代投资人，常常误解了佛学精要，遇到困难，还没拿起就想随时放下，没有勇气担当就想解脱，只想着能够快速顿悟，能够立地成佛。阳明先生心学的“事上练”，强调可以在工作上面、在做事上面修炼，主张遇到困难事时不要逃避，要用眼力和脑力去“琢磨”，去观察，去推理找出方法；用心力去“揣摩”，设身处地为人着想，用心力想想每个角色的立场；而后将全神贯入去“着魔”，去执着忘我，并不畏艰难完成任务。我们得知，过去的牛顿、瓦特，现代的比尔·盖茨、乔布斯都曾具有用脑琢磨、用心揣摩、最后着魔般地执着忘我的境界，具有不怕困难完成使命的精神，从而成就了对当代世界的贡献。

佛家主张的破执，往往是人生经历过观察推理的琢磨、设身处地地揣摩、执着忘我地着魔之后，开始渐悟、顿悟。创富投资的智慧，更偏向阳明先生的心学基础、事上练基础，强调要拿得起、放得下，也要敢担当、能解脱。能认知到，看清投资事的认知能力是投资的必要条件，悟出投资法的感知能力则是投资的充分条件。投资创富要成功，必要条件和充分条件这两者要能相辅相成，悟出投资法(充分条件)必须建立在看清投资事(必要条件)的基础之上。

第二章　人类大基因法则

——创富投资，争取做投资界的“文明人”。

佛是过来人，人是未来佛；积淀与提升，成就文明人。

创富投资讲究“慧里含智、智能辅慧”，感知能力要架构在夯实的认知能力基础之上。

智——以逻辑推理，理智渐近，学习“观察→认知能力”的过程。

慧——以体悟觉察，慧根顿悟，体验“感受→感知能力”的过程。

创富投资靠的是认知能力的形成和增强，并在此基础上加以感知能力的截取和扩散。

人类大基因法则在回答人生三大哲学命题的同时，指明了感知能力的形成过程，指明了悟出投资法的过程，指明了创富投资的路径，帮助投资人在长期积淀的过程中，成为投资界的“都教授”，成为创富投资的文明人。

第一节
人生的三大哲学命题

人生的三大哲学命题是：

我是谁？

我从哪里来？

要到哪里去？

若基于创富投资的立场，我的回答是：

我是人，一个想通往文明世界的人。

我从野蛮人演变而来。

我演化前往文明人去。

为什么这样回答呢？

第一，佛家曰：佛(文明人)是过来人，人(野蛮人)是未来佛，佛也曾像人那么天真。

如果现在的我们能够搭着时光机穿梭回到公元前的秦朝，我们的所作所为一定被秦人认为是“佛祖到来”“神明到来”“上帝到来”。

当我们告诉秦人未来几天的天气变化、各地的山川地貌走向、各族群的民俗风情时，秦人以为在读科幻小说；当我们通过手机或电视机看到远在天边的景物时，秦人以为获得了月光宝盒；当我们用现代药物或开刀手术治疗秦人无法治疗的疾病时，秦人以为遇到了神医；当我们利用冶金技术制造各种金属器材时，秦人以为真的点石成金了；当我们运用化石能源产生各种动能时，秦人以为化腐朽为神奇的力量出现了……如此种种神迹，周遭2000年前的秦人(野蛮人)一定是把我们现代人视为神或佛(文明人)。其实说穿了，根据人类大基因法则演化，就是我们现代人比2000年前的秦人过着更文明的生活。

一样的道理，把时光往后推，穿越到2000年后。

如果公元4020年后的未来人也能够搭着时光机来到现代，告诉现在的我们许多未知的道理，例如何时会发生地震，何时火山会爆发，何时会有海啸；用他们人机合体①的手指头，指向我们生病的部位，瞬间让疾病痊愈；本来已无法走路的老人，经他们人机合体的手臂一搀扶，就能自由行走；带着现代的我们腾云驾雾，想飘去哪里看看就飘去哪里……只要现代人想得到的事，作为未来人的他们大多都能做得到。也就是，如果未来人来到现代，也能让现代人感受到各种神迹。

我们都知道，以前的皇帝很有权力，已习惯生活在现代文明中的普通人会选择回到2000年前当皇帝吗？

固然，回到2000年前当皇帝可以掌握无敌的权势，但是却无法享受到现代人文明生活的许多乐趣——不能坐着飞机到处旅行，去享受各国不同风味的美食；不能开着小汽车载着女友到处兜风；不能坐在电影院的舒适沙发上欣赏各国影片；炎炎夏日不能在家吹着空调、拿瓶冰啤酒、透过电视看各地新闻……

这样的状况下，大多的现代人们是否还愿意回到2000年前的社会当皇帝呢？同样的道理，处于2000年后未来文明世界的神、佛或上帝，是否也愿意回到现代来当国家领导人呢？就算是有意愿，能习惯相距2000年的生活方式吗？

现代人可以不假思索做到的事情，比2000年前的秦人多很多；2000年以后的未来人可以不假思索做的事情又比我们现代人多更多。那么2000年前的秦人(野蛮人)会把我们现代人(文明人)当作神或佛；同样道理，现代的我们(野蛮人)一定也把未来人视为神或佛(文明人)，这也就是人类演进的过程，也是文明的进程，是人类走向文明的大基因法则。作为现代大部分投资人之一的你，或许只是个普通人，但若能回到秦朝，你可能是位了不起的人物。

正所谓，在人类演进的每个时期都同时存在着人与佛——佛(文明人)是过来人，人(野蛮人)是未来佛。

人类在很长期很长期的大基因演化过程中，正一步一步地朝着文明的方向而去，朝着成佛的方向而去。

---

① 人机合体，指的是人类的自然机体尚处于以前的状态，但通过与机器设备的结合，扩大了能力范围，成了被改造机能的、受大脑支配的普通人。

第二，人类具有吸取好基因的天性。

达尔文进化论的核心是“物竞天择，适者生存”。每种生物在繁殖下一代时都伴随着基因的变异，一旦该种变异利于生物的更好生长，这种变异就会通过环境的筛选而保留下来。

20 万年前，人类起源于非洲；6 万～5.5 万年前，第一批人类走出非洲，走得最远的一群到了澳大利亚；之后，一批又一批人类从非洲出发，先后进入欧亚干草原、中亚和亚洲东部、印度、欧洲、东南亚、美洲等地。虽然所有人类的起源都是非洲，但那些从非洲走出来的人类，在披荆斩棘的过程中，基因得到不断进化，并且有机会与更好的基因结合，得到进一步提升。相反，一直留守在非洲的那部分人类，进化速度就明显降低了。

所以说，吸取好基因、以利进化，是人类和所有动植物的天性。

目前的世界格局，是欧美人种主宰了世界的财富和权力，并非源于最早发展起来的非洲人种，非洲人为何不能制人，反倒受制于人，为何非洲不具备起步优势？

这不是种族的问题，而是因为人类具备吸收好基因的天性，造成了不同人种在文明进程上的差异。欧美人种正是从原始非洲“走出去”的一部分人，他们吸收了好基因，形成了比非洲人种更文明的社会。这种情况在历史上也多次发生。例如，过去在农业社会中发展的社群，去攻击和占领了更过去以狩猎和采集为生的社群；又如过去工业发展大国侵略了更过去靠农业生产成为大国者的领地和财富，这些都是文明的进程。

课本上都说，瓦特(Watt)于 1769 年发明了蒸汽机，这个说法是一种迷失。其实瓦特的“发明”是在修理一台蒸汽机时产生的，蒸汽机早在 57 年前就发明了，英国当时已有上百部机器。瓦特的“发明”只能称为“新设计”，这个新设计使得蒸汽机更具商用性。

所有现代的发明，只要有完整的文献可以考究，都能找出它的发展模式，而这些发展模式的共同性是——在前人既有的发明基础上改进，也就是以前的技术会衍生新的技术，以前的知识会衍生新的知识，以前的文明会衍生新的文明，以前的投资智慧会衍生新的投资智慧，这种进化正是源于人类具备了吸收好基因的天性。

世界史的基本发展模式，会不会因为某些发明天才没有在某时、某地出生，而产生重大变化？答案很简单，历史的变迁从不需要特定的人物。根据人类大基因发展法则，人的基因演化是一种积累，技术是一种积累，知识是一种积累，文明是一种积累，创富投资的智和慧也是一种积累。所谓特定人物，只是众多积累下演化而得的一个产物。

第三，取得好基因和提高胜算率，靠的是好方法，并且持之以恒。

生物的基因变异有利于同种生物的进化，因为各种有利的变异会通过遗传不断地积累和加强，不利的变异会被淘汰，使生物群体更加适应周围的环境。这和人类繁衍后代一样，若近亲繁殖(例如堂表兄妹结婚)，容易生育出有残缺的后代，而远亲混血，往往易生育出姣好的混血儿。

在创富投资的过程中，取胜的关键是提高投资胜算率，也就是能够取得投资的好基因，更实际的，就是能对企业基本面进行深入研究，粹取每家企业成功的关键基因，排除或避免企业的不良基因，做出企业的价值判断，并将企业好的基因分类组合、归纳演绎。提高胜算率的好办法是分解投资的关键成败因素，这样的分解方式是一个不断积累、不断修正的过程。分解的过程越精细，则成功的可能性越高，投资的胜算率也越高，只有持之以恒才能实现创富的目标。

第四，投资致富是投资人智和慧的进化过程，人类大脑的神经系统是经过长期基因演变和文化沉淀而来的，不可一蹴而就。

得智和得慧的过程，都是靠点点滴滴的积累而来。因为人类在前往文明的过程中，一直在用智增强认知能力，用慧扩大感知能力。越文明的人，能够在潜意识(祖先脑)里积存的能力就会越来越多，能不假思索从事的事情也就越来越多，这也是人类能够在地球存活、发展、壮大的人类大基因演化法则。

第二节
人类大基因法则与创富投资

创富投资智慧就基于人类大基因演化法则的道理而来，投资人若想得智，可以通过观察世间万物，以认知事情原委，可以借由培训本身的逻辑推理能力，以理智和渐近的方法学习之。投资人若想得慧，则须用心感受世间变化，以感知变化道理，可以借由培训本身的体悟觉察能力，以慧根和顿悟的修行体验之。也就是，创富投资的过程就是朝着文明投资人方向前进的过程，投资人如果能在投资领域累积更多的智和慧，就会变得越文明，越能看清投资事，越能悟出投法，也就越能靠投资致富。

桑弘羊(公元前 152 年—前 80 年)，是汉武帝时期的政治人物，专长为财政理财。桑弘羊在为国家聚敛资财方面的贡献，可谓极大。他是如何做到的呢？

桑弘羊出身于商人家庭，自幼擅长心算，13 岁时便入侍宫中。后深得汉武帝赏识，被委以重任，历任大农丞、大农令、搜粟都尉兼大司农等要职，统管中央财政近 40 年之久。桑弘羊忠心耿耿，聚敛资财以增强国力，为武帝屡败匈奴，打通西域，奠立起雄厚的物质基础。

汉武帝问桑弘羊："国家怎样能聚敛资财？"

桑弘羊回答道：

"富在术数，不在劳身；利在势居，不在力耕。"

这句话的意思是，创造财富的关键在于方法，未必要靠体力获得；获取利润的关键，在于审时度势、乘势待时，判断发展趋势，未必要亲自耕种获得。也就是强调了国家聚敛资财主要是讲究方法、判断趋势。

汉武帝以前的汉朝，一直处于被匈奴进犯的历史。直到汉武帝时期，历时 44 年，汉军对匈奴展开三次重大反击，并取得决定性胜利。其中的一大功劳是桑弘羊，他懂得讲究方法、判断趋势，积财有方，帮助汉武帝准备了充足的补给，提供作战所需，才使得汉武帝成为历史上第一个使匈奴臣服的皇帝。桑弘羊的助力也是一种创富的文明进程。

为什么未经过专业训练、仅单纯依赖于平日的勤加练习，打不好高尔夫球？

我们的生活中，很多事情单靠体力和勤耕无法得胜，但借助方法却能事半功倍。

举例来说，我们若想把高尔夫球打好，绝不能单纯依赖于平日的勤加练习，或者经年累月到球场实际演练。要打出漂亮的高尔夫球，是要依靠一套正确的方法，能够掌握特定的握杆和滑顺流畅的挥杆方法，知道哪些部位是主动使力，哪些部位是被动使力，才能用极简单的方式，充分发挥出击中高尔夫球甜蜜点的爆发力。

我从20几岁就开始打高尔夫球，20几年来打球的成绩都在100杆以上(成绩很差)，不会进步。后来，我找了个高尔夫教练教我正确的握杆和滑顺流畅的挥杆方式，在主动使力和被动使力之间来回运作，短短几个月后，我就进步到80~90杆的成绩(不错的成绩)。

一天，我跟几个不熟悉的朋友一起打球，发现他们没有一个是按教练教我的那些正确方式打球，把主动变被动，把被动当主动，当然打得很差。实际上，他们的打法跟我20几年前、没有上过一堂高尔夫球教练课的时候一样差。于是，我问他们是否找过高尔夫教练学习过，他们回复20几年来从未有过，都是靠自己的感觉和自身的学习方法来打球的。我当下就可以得知，他们再继续这种方式，再打20到30年，成绩还是会跟目前一样。

当然，我们知道，不可能有机会在高尔夫球大师赛中与泰格·伍兹一较高下，但我们也知道，可以通过对的学习方法和技巧，大大提高自己的竞技能力。

创富投资也是一样的道理，若没有一套正确的观念和方法来演进自身投资的好基因，就会像许多股市桥段里的大爷、大妈一样，每天只顾盯着屏幕上闪烁的线图起伏，期待一天就可以致富。我猜想，再过20年，他们的投资基因还是不变，创富水平也还是一样。

那么人类大基因法则在创富投资中到底扮演着何种角色？

第一，人类梦想成佛或成神，其实就是想成为未来的文明人，也就是希望能成为韩剧《来自星星的你》里面都教授那样的文明人。

成为未来的文明人，就可以用都教授很多不假思索的能力，如敏锐的听觉、深远的视力、对过去发生过或马上就要发生事情的感知能力，和一些特异功能，就可以帮助女主角千颂伊一次次地脱离危难。这些异于现代人的未来能力，也就是第一章里面所提的，英国著名哲学家阿尔弗雷德·诺思·怀特黑德所说的：

“文明的进步，就是人们在不假思索中可以做的事情越来越多。”

第二，现代人能够骑自行车、能够开车、能够开飞机，就是因为现代人比过去的人更加文明。

现代人能够得到更多认知的能力，并且存在潜意识里，随时可以不假思索地使用或从事。比现代人更加文明的都教授，他可以运用的、存在潜意识里的认知能力就更多、更高明了，也就是说，他能够不假思索地发挥这些现代人理解不了的特异能力就更多了。正因为人类大基因定律，人类基因里存在着吸收好基因的能力，让人类可以在地球上称霸，让人类一步步地成为更文明的文明人。正是这个大基因成就了“佛(文明人)是过来人，人(野蛮人)是未来佛”。

第三，潜意识的认知能力和下意识的感知能力越强，则投资人距文明的方向更近了一步。

第一章节曾提到，巴菲特看到一家所了解的企业时，凭借数年来的分析经验，他潜意识中的认知能力便发挥作用，自动生成一幅图像，展现出这家企业10~20年后的模样，然后比对现在和未来的两幅图像，并把比对结论形成下意识的判断。潜意识的认知能力和下意识的感知能力之所以可形成，乃是巴菲特经年累月培养出来的。根据人类大基因定律，我们可以称巴菲特是股票投资界的文明人，他可以不假思索地做出成功投资的事情，比一般投资人多得多。他目前也可以称为投资界的“都教授”，也就是因为他能取得更多创富投资的智和慧。

第四，根据人类大基因定律，投资人有获取好基因的能力。

投资人只要方法得当，就能获取更多投资的“智”和“慧”，就能获取更多的“认知能力”和“感知能力”，就能比一般投资人更能“看清投资事”和“悟出投资法”，就能不假思索地多做、做好创富投资的事情，也就是更能成为投资界的文明人。

跟着教练掌握握杆和滑顺流畅的挥杆方法，如何进阶到投资人创富过程的智和慧？

投资人若想靠投资创富，首先不能只想赚快钱，而是先要争取一套属于自己的、正确获取投资好基因的方法，尽快地获取投资的智和慧，这样就能看清投资事、悟出投资法。只要能看得清、悟得出，财富就能自动跟着来。就像所有的现代人，相比2000年前的秦人，可以不假思索地做出更多更多的事情。

投资人若想靠投资创富，投资人的投资野心不可以大于投资智慧，但人类的野心是与日俱增的，唯有让自身的投资智慧增长永远领先于投资野心，才能成为创富投资过程中的常胜将军。

以下章节，我们就来探讨创富投资须具备的演进基因，如何像打高尔夫球一样，有一套正确的学习方法，不仅能打得好，更能在乎成长。人类按照大基因法则，在过去发展出的文明要素有文字、城市、政治组织、知识体系……我们将依此法则，来发展出创富投资的文明要素和正确的投资基因，增加投资人在创富过程中的智和慧，成为投资界的文明人。

第三章　预测力与观察力

投资只有观察之方，无预测之术。

创富投资的智，就是要能看清投资事，也就是能够观察出有关投资的所有人、事、物，并且能分辨出影响投资逻辑性判断的那些规律性和非规律性因子。

当牛市来临时，常会有人问我："大盘会涨到几点？股票会涨到几元？"而当熊市来临时，又会有人问我："大盘会跌到几点？股票会跌到几元？"我常回答："我也想知道。如果有人可以事先知道，拜托请告知我。"如果我反问对方："你觉得你何时会得癌症？你的癌症会多严重？"那对方通常会回答："你神经病啊。"

当我们对自己身体状况的认知都预测不了时，又如何具备感知能力去预测外界股市的涨跌呢？

因为，股市大盘会涨到几点，股票会涨到几元，自己何时会得癌症，本身未来的癌症会多严重等主观的逻辑性推论，无法建立在目前人类社会客观世界的规律之上。也就是说，我们目前的数据分析和行为科学技术，尚无法观察和发现这类问题的规律性。或许，将来随着技术的提升，相比对股市大盘的预测能力，对癌症的预测能力会更早实现。

第一节

人类对于未来不具有预测能力

诚然，对于投资对象未来发展趋势的猜测，乍听之下，好像世上确有神人，可以用一只无形的手来掌控。

以猜测股市涨跌为例，人们可能认为，在投资界真有投资名人有办法预测股市的高点和低点，或是拥有高学历、高智商、高技术、高职称、精通高深数学的“五高”人士，可以经由对股市基本面、资金面、市场面、技术面等四方面的研究，建立起所谓的科学预测基础模型，能准确猜测出股市大盘指数和股票价位。殊不知，这个未来的正确答案，全世界只有上帝知道。

然而，太多的投资人急于赚钱，一味地找寻只有上帝知道的答案。因此，他们就到处求神问卦，收集各类自封为投资分析大师的论述预测，听信各种小道消息……殊不知，在人世间，若本身具备预知投资对象未来走向的能力，这些人早就被上帝召唤去当他的投资助理了。

一般的投资人，大部分从小就受过数理训练，加上人性的求知欲望，喜欢追求确定的答案，或许对于过去已发生、存在的事物，可以透过定量分析、研究，拟合得到确定的答案，这是人类认知能力所能企及的；但对于未发生的、不存在的事物，就很难用定量分析的方法得到正确的解答，这已超越了人类认知能力的范畴，更别说感知能力了。

我们无法猜测投资对象未来的发展是向好还是向坏，就像我们无法猜测股市涨跌时间点和涨跌幅度一样，这是因为“预测”这一工具目前只是对“过去”的分析有效，而对“未来”尚未发生的股市变化轨迹，就很难发挥可靠的效用了，毕竟我们是现代文明人，不是未来文明人。这也就解释了，为什么靠预测赚钱的投资人，成功概率很低，就像一般赌徒一样，但却又不是职业赌徒；即使投资获利了，也未必真的是靠“预测”能力得来的。

事实证明，人类与生俱来的特质和能力中，对尚未发生的情况，不具有预测能力。简单来说，就是到目前为止，人类对投资对象未来的发展状况不具备预测能力。

就如，从古至今许许多多的炼金术士、化学家、科学家等，一直想发现点石成金的方法，把石头变成黄金，化腐朽为神奇；也有不少人花费毕生精力，一直在寻找长生药，以助颜美容、长生不老、返老还童。几千年来上至皇帝，下到平民百姓，都希望这两件事梦想成真。但事实证明，人类到目前为止，还没有能力实现点石成金，也无法制成长生药。

自秦始皇到汉武大帝，从唐太宗李世民到成吉思汗铁木真，历史上这些开疆辟土的君王们，无时无刻地想找到长生药。一代天骄成吉思汗，曾经统治着全世界最大规模的疆土，在接见中国北方道教全真派首领长春真人丘处机时，曾问道：

“如何可以得到长生药？”

真人丘处机回答说：

“天下只有养生之道，无长生之药。”

相同的逻辑，如果有人问我：

“股市会涨到几点？股价会涨到几元？”

我将回答：

“目前，股市投资只有观察之方，无预测之术。”

所以，我们不要去预测投资对象未来是否会大好，就如不要预测股市大盘何时见顶，因为见顶之后可能还会有新高；我们也不要去预测投资对象未来是否会大坏，就如不要预测股市大盘何时见底，因为触底之后也许又有新低。

投资大师索罗斯曾说过：

“对于市场的预测，成功投资人并不比你我强。”

投资大师巴菲特曾说过：

“预测或许让你熟悉预测者，但丝毫不能正确地告诉你未来市场会怎样。”

到目前为止，既然人类对投资对象的未来发展不具有预测能力，那么我们如何对投资对象的未来进行分析，从而做出投资或不投资的决定呢？

我觉得，人类虽然不具备预测能力，但人类却拥有与生俱来的观察能力。投资人可以依靠敏锐的观察能力，观测投资对象的走势，也就是运用人类的“智”观察所有跟投资相关的人、事、物，看清投资事，并且能分辨出影响投资逻辑性判断的规律性和非规律性因子。

第二节

投资人对于“未来”具有观察能力

英、日小说中，英国神探夏洛克·福尔摩斯(Sherlock Holmes)和日本名侦探柯南，是闻名遐迩的破案高手。北京协和、上海华山等医院的名医，可以准确诊断病人的各种疾病。

乍看之下，这些高手好像都具有预测的超能力？他们为什么能够知道一般人所不知的内幕？他们的超能力真的深不可测吗？

福尔摩斯和柯南，为什么具有判案超能力？

福尔摩斯是一个冷静、睿智、才华横溢的侦探形象，他善于通过观察和演绎推理来解决难题。福尔摩斯能察觉一般人不留意的细节，并从中推断出大量有用信息；他能抽丝剥茧、条分缕析，层层深入地破解案件谜团；他将司法科学及演绎法推理，在犯罪侦查中发挥得淋漓尽致。

人称“日本平成年代福尔摩斯”的柯南，执着、勇敢、睿智、善良，其杰出的推理能力和精准的判断力，源于深入的观察力和广阔的知识面。

“即使是侦探，也只是个普通的人，不会是全知全能的神仙。”

——柯南

福尔摩斯和柯南看起来神之又神的破案本领，靠的并不是预测力，而是敏锐的观察力，借由观察力追寻有关案件的蛛丝马迹，再通过归纳、推理等步骤，将整个案件抽丝剥茧、层层过滤，直至看出清晰的轮廓和做出正确的推断，最后得以水落石出，正所谓——看清悬疑事。

《四个签名》的影片中，有一个经典片段。

福尔摩斯舒服地靠在椅背上，从烟斗里喷出一股浓厚的蓝烟，对华生说道：

“观察的结果说明，你今早曾到过韦格摩尔街邮局，而通过推断可知道你在那里发过一封电报。”

华生道：

“对！完全答对！但是我真不明白，你是怎么知道的。那是我一时突然的行动，并没有告诉任何人啊。”

福尔摩斯看到华生的惊讶，很得意地笑道：

“这个太简单了，简直用不着解释，但是解释一下倒可以分清观察和推断的范围。我观察到在你的鞋面上沾有一小块红泥，韦格摩尔街邮局对面正在修路，从路上掘出的泥，堆积在便道上，走进邮局的人，很难不踏进泥里去，那里的泥是一种特殊红色的黏土。据我了解，附近再没有那种颜色的泥土了。这就是从观察得来的结论，其余的就都是由推断得来的了。”

华生道：

“那么你怎么推断到那封电报呢？”

福尔摩斯说：

“今天整整一个上午我都坐在你的对面，并没有看见你写过一封信。在你的桌子上面，我也注意到有一大整张的邮票(没有撕开过)和一捆明信片(没有拆开过)，那么你去邮局除了发电报还会做什么呢？除去其他的因素，剩下的必是事实了。”

顺着福尔摩斯的思路，拆解他的逻辑推理过程。可以发现，福尔摩斯的逻辑推理是观察力与判断力相结合的成果，是认知能力和感知能力相结合的成果，而观察力却是一切推理和判断的基础，也就是要先建立认知能力的下层基础。

①福尔摩斯仔细观察了贝克街附近的泥土，并能辨认各种不同的泥土，尤其是韦格摩尔邮局门口的红色黏土。

②福尔摩斯观察到邮局门口正在修路的事实，并推断得出“走进邮局一定会踩上红土”的结论。

③从上述观察而得的事实与推断而得结论，烙印在福尔摩斯的头脑里。当福尔摩斯看到华生脚上的红泥时，福尔摩斯直接得出“华生进过邮局”这个推论。

④福尔摩斯反思这个推论，因为华生脚上的红泥，也可能是其他原因造成的。例如，一辆失控的马车冲向华生，华生躲避不及跳进红泥坑；又

如，华生看见一熟人从邮局里出来，便靠近邮局与熟人打招呼而走进红泥坑。对于这些可能性，福尔摩斯选择大概率(最可能发生的)假设，就像职业赌徒选择天平倾向自己时的最有利时机下注。万一，事实是小概率事件，恰说明有潜在破案因素没有被发掘出来，而这潜在因素又成为破案的关键所在。

⑤选择“华生进过邮局”这个大概率假设后，福尔摩斯进一步细化这个假设——进邮局后可能寄信，也可能发明信片，或是发电报。如果是寄信，则必然被福尔摩斯看到写信，观察的事实中并没有这一点(“整整一个上午我都坐在你的对面，并没有看见你写过一封信”)；如果是寄明信片，则必然使用邮票与明信片，观察的事实也没有(“桌子上面有一大整张的邮票和一捆明信片”)；最后，只剩一种可能，去发电报。

福尔摩斯能够产生以上①到⑤的推论和判断，都是根源于对华生各种行为举止的细微观察，从而建立充分而牢固的认知能力。也就是说，福尔摩斯对华生当天早上曾到过韦格摩尔街邮局，并且发过一封电报的主观逻辑性推论，建立在对华生一连串客观规律性行为的观察基础之上。

柯南是福尔摩斯的仰慕者之一，柯南的判案能力，也是建立在独到的观察力和缜密的逻辑思维基础之上，而逻辑思维能力又与其丰富的物理、化学、生物、心理学，甚至文学等一系列知识体系密不可分。这些知识体系记录在柯南的潜意识中，属于认知能力范畴；一旦案件发生，柯南便下意识地搜索出案件的蛛丝马迹，运用感知能力判断案发各种原委。

用观察力(智)拆解谜团、寻找线索，用判断力(慧)推理案情、找到真相，把摆在眼前的谜团和收集到手的线索，充分进行逻辑分析并大胆想象，通过理智渐近，最后，答案水到渠成，借由慧根顿悟。例如，根据个人特征，判断职业身份；从小线索的背后，得到大推理；与犯人对质时，缜密分析人性心理；搜索证据并大胆推理；敏锐观察被隐秘的线索；极速判断证词真伪，等等。

“细微痕迹显示诡计的关键，矛盾疏漏指向罪犯的破绽。”

——柯南

正因为柯南从最细微处寻找观察点，让“见识”(认知)牢牢扎根，才得以镇定自若地“大胆”判案(感知)，借由“胆识”一再创造奇迹。

福尔摩斯和柯南的行事风格，再次说明观察力的重要性以及推断力的效力。从他们两人的各种判案过程中，我们能够认识到观察的心态和推理的经验，可以当作人们在进行创富投资观察时的参考依据。

①要观察最细微的环节。

“没有比平凡的事物更不寻常，更值得研究的了。”

——福尔摩斯

②要从客观事实和非情绪化角度着手调查。

“任何确实得到的事实都要强于不确定的猜测。”

——福尔摩斯

“我从不猜测，那是破坏思维能力的坏习惯。”

——福尔摩斯

“在没有事实作为参考依据之前，妄下猜测是个很可怕的错误。这些人总是用已存在的认知去套住自己固有的猜测，而不是按正确的方法、步骤，根据得到的事实来推导结论。”

——福尔摩斯

“我从不假设例外，例外会打破调查的原则。”

——福尔摩斯

③观察要看本质，而不是表面。

“你不会成为狼人的！面具只能遮住你的脸，却遮不住你使摔跤手蒙羞的黑心。”

——柯南

④利用所掌握的一切资料进行逻辑推理。

“推理根本没有什么高低，更没有什么胜负。这是因为真相永远只有一个。”

——柯南

“没有！没有！我并不觉得满足！即使用尽一生也不一定能登上推理和分析的顶峰啊！”

——柯南

⑤对不同一般的观点，甚至相反的观点，应保持开放的心态。

“去除掉所有不可能的因素，留下来的东西，无论你多么不愿相信，但它就是真相。”

——柯南

由上述两个著名侦探福尔摩斯和柯南的行事风格得知，他们两个破案的主观思维逻辑性，建立在“智”和“慧”两字的基础之上，主要靠观察和推论，反思和感悟：

用智来看清世间事，靠的是观察和推论。

观察的重点是什么呢？观察过往客观生活世界的规律性，排除非规律性的因子，让主观思维推论的逻辑有据可循。

用慧来悟出世间法，靠的是反思和感悟。

反思的重点是什么呢？反思本身对案件主观判断的推论，检验和感悟主观思维推论的逻辑性，是否建立在案件客观生活世界的规律之上。

当进行创富投资决策时，若有想不明白，或觉得总是有点怪怪的，不要马上下结论，请记得把以上①到⑤点再翻出来看看、想想，多多进行细微、深入的观察后(认知能力在先)，再进行推断(感知能力在后)。

北京协和、上海华山等医院的名医们，他们对病人的各种疾病，能准确诊断，找出病因，并给予相应的治疗。

医生可以归类于从事判断的职业。为何少数医生对于一些疑难杂症，每每诊断精准、药到病除？难道神医天生具备超人的预测力和判断力？

其实上述所提的医生，通常都是在本身所属的行业中磨炼已久，有很强的观察力，已培养出较强的认知能力并存储在潜意识中，这是其成为这方面高手的直接原因。

医生能做出正确的诊断，也是因为他们用心听诊每位病人，认真地观察——望(观气色)、闻(听声息)、问(问症状)、切(摸脉象)，再加以分析、归纳、推理、判断、验证、修正等，进行病因推断与制订治疗方案。医生每天同样服务着数十位甚至更多病人，先观察病状，再经由分析、归纳、推理、判断、验证、修正等推断病因和治疗过程。当累积、观察治疗病人的大数据数据库越来越庞大时，他的医术就越来越高超。这就相当于，医生每次为新病人看诊时，会将病人的气色、声息、症状、脉象等情况与潜意识中的认知做比对。由于医生的头脑中已建立起强大的比对数据库，对于普通的病情，他们能够下意识地迅速做出判别和诊断；对于复杂的病情，他们会在自己的认知中反复搜寻对比，并向病人收集更多病症表现，最后形成感知能力，判出病因。

曹操为何能推断刘备将成为一方之霸？

当时，曹操在后园小亭盘置青梅，一樽煮酒，和刘备谈论当世英雄。曹操对刘备说道：

“堪称英雄者，要胸怀大志，腹有良谋，有包藏宇宙之机，吞吐天地之志者也。”

刘备反问曹操道：

“这样说来，谁能当之？”

曹操用手指指刘备，而后又指指自己，说道：

“当今天下英雄，唯有刘备与曹操二人是也。”

在当下，曹操为何能推断刘备未来会成为一方之霸？

因为曹操观察到：

①袁绍统帅的由十八路诸侯组成的盟军大营，在西凉(以现在的敦煌为中心的河西走廊中北部)遇到勇将华雄的挑战，华雄一连斩了盟军三员大将。在大家束手无策之际，刘备的二弟关羽慨然应战，单刀匹马斩华雄。当关羽把华雄的头颅抛在大堂上的时候，满堂诸侯刮目相看，只有刘备连眼皮都没动一下。

②当曹操率领五万铁骑攻打徐州的时候(当时的徐州牧是陶谦)，各路诸侯都坐观战争成败，没有一个人敢和曹操对战。只有刘备，带着区区不到二千人，明知战不过曹操却偏来应战。刘备为的是“仁义”二字，亲善(陶谦的儒官形象和弱者地位)驱恶(曹操在讨伐徐州时杀戮无辜人民的行为)谓之“义”，平息战火、造福于民谓之“仁”。因此，刘备可以不计生死，可以为天下先。

③袁术称帝后，曹操奉天子之命讨伐逆贼。曹操召集天下诸侯救援时，没有一个诸侯前来，但当曹操抵达前线时，刘备已在那里等他。曹操根本没有发诏给刘备，但刘备却来了。这说明刘备是汉帝后裔，最恨奸贼篡逆，主张高举“忠、孝、仁、义”的大旗。

曹操经由与刘备的多次相处，透过细微观察，听其言、观其行，从刘备的一言一行中了解并分析他的行动，形成足够的认知，再从认知能力上升到感知能力，根据观察的结果推断刘备将来会成为一位真正的英雄，在未来的版图争夺战中，与其抗衡。

以上中外古今的例子，都说明了人类不具备预测力，但却具备观察力的潜质。

预测力无法从训练和培育得来，但观察力却是可以经由长期训练获得，以形成“看清世间事”的认知能力。

也就是说，投资人可以经由“智”，培育自身的观察力，增强本身对投资事物的认知能力。先观而后知，随着投资的资历和经验逐渐增长，投资获利的概率也随之增高。

这个“智”——看清世间事的认知能力，也是古人所谓的：

“先观史、观理、观事、观物和观人；再则，知史、知理、知事、知物和知人。”

第四章　先天性与进化性

虔诚信仰先天性，观察发现进化性。

从古至今，很多学者对人类的起源，争论不休。宗教派认为，人类是由耶和华创造而来的（先天性——上帝的指示）；科学派认为，人类是由物种演化而来的（进化性——上帝的设计）。

宗教论述与科学之道是否相悖？

神学家与科学家是否势不两立？

伽利略认为，圣经与科学并无矛盾。1613 年，他向卡斯德利神父提道：

“圣经是上帝圣神所启示，自然界是由上帝之命所造成。

但是，我认为不必去相信，同一个上帝，给了我们感官、言语和理智，却不让我们去利用它们；而是需要他来亲自教导我们万物的事理。其实，靠我们的感官、言语和理智等，我们自己便能求得许多事理，特别是关于那些在圣经上毫无记述的科学。”

我把伽利略所提的：

“上帝圣神所启示”归纳为宗教的先天性，也就是上帝的指示；

“由上帝之命所造成”归纳为科学的进化性，也就是上帝的设计。

以此作为以下有关创富投资的论述。

第一节

先天性(上帝的指示)和进化性(上帝的设计)的不同

《创世纪》记载的犹太及邻近民族从公元前 12 世纪至公元前 2 世纪的人文历史资料，讲述了耶和华如何用七天的时间创造人类。

耶和华按照自己的形象，用地上的尘土造出一个人，起名亚当。亚当住在伊甸园里，但一个人生活得不快乐。为此，耶和华从无到有地创造出飞禽和走兽，创造出生物界，创造出天上地下所有的一切，以解除亚当的苦闷。并且，耶和华取下亚当的一根肋骨，创造了一个女人作为亚当的伴侣，取名夏娃。后来，亚当和夏娃偷食禁果，被耶和华逐出伊甸园，成为人类的祖先。

《创世纪》中对人类起源的描述，后人对此进行归类，这是属于先天性行为。相信先天性的人们应用心去信仰。

19 世纪中叶，达尔文创立了科学性的生物进化学说，以自然选择为核心，第一次对整个生物界的发生、演变，作出了唯物、规律性的解释，推翻了特创论(神创论、创造论)等唯心主义及形而上学在生物学中的统治地位，是生物学的革命性变革。

达尔文认为“物竞天择，适者生存”。生物之间存在着生存争斗，适应者生存下来，不适者则被淘汰，这就是自然的选择。生物正是通过遗传、变异和自然选择，从低级到高级，从简单到复杂，种类由少到多地进化着、发展着。

也就是说，具有吸收好基因法则的物种，能够在地球上继续生存，这与上一章节所提的人类大基因法则是相通的——人类通过遗传、变异和自然选择，从低级到高级，从简单到复杂，从野蛮到文明，一步步地进化、发展着，深藏在祖先脑中的潜意识和下意识，一直累积各种经验，朝着文明世界衍进。

1838 年，达尔文偶然读到马尔萨斯(Malthus)的《人口论》，从中获得启发，更加确定自己的重要想法：

“世界并非是在一周内创造出来的，地球的年纪远比《创世纪》所讲的老得多，所有的动植物也都改变过，而且还在继续变化之中，至于人类，可能是由某种原始的动物转变而成的，也就是说，亚当和夏娃的故事根本就是神话。”

简言之，人类是由物种演化而来的，万物在亿万年漫长岁月中，经过一系列偶然变化巧合而成。宇宙万物并不是由耶和华创造出来的，而是自然形成的，只是后来人类发现了这些万物而已。这就是人类智的演化过程，经由观察、发现，去看清世间事，使得认知能力一步步提高。

1859 年，达尔文出版了《物种起源》一书，书中突出自然选择的观点。我把这种观点归纳成是进化论的观点，而不是先天性的存在。人们可以靠“智”，通过观察来发现进化中的奥秘，而后再累积成“慧”。

苹果从树上掉下来，几千年，几万年，几乎所有人都觉得，事实就是如此。这是一种，人类几千年来的信仰，把这个事件的发生，视为理所当然——苹果就应该从树上掉下来。

1666 年的一个酷热的夏天，24 岁的牛顿坐在故乡伍尔斯索普庄园的苹果树下乘凉，忽然一只苹果落在他的脑袋上。异于常人的是，牛顿并没有把“苹果掉下来”当作理所当然的事，而是从进化性的科学角度出发，观察发现为什么苹果不会反向运动、飞上天空。正因为牛顿的观察，发现了长久以来就存在的事实，形成万有引力定律的雏形。1687 年，牛顿在《自然哲学的数学原理》上发表了万有引力定律。

伽利略与牛顿是同时期的科学家，他们认为，经验是知识的唯一源泉，主张用实验——数学方法研究自然规律，观察发现进化性的事实。他们都有着异于常人的思考逻辑，反对经院哲学对科学的神秘思辨、混淆了先天性(上帝的指示)和进化性(上帝的设计)。

伽利略的研究成果得到公认之前，物理学以至于整个自然科学只不过是哲学的一个分支，没有自己的独立地位。当时，哲学家们被束缚在神学和亚里士多德教条的框框里，他们苦思巧辩，得不出符合实际的客观规律。

伽利略敢于向传统的权威思想挑战，不是先臆测事物发生的原因(一味相信)，而是先观察自然现象(勇于发现)，由此发现自然规律。

基于这种新式的科学思想，伽利略倡导数学与实验相结合的研究方法，伽利略操作科学实验的目的，是为了检验科学假设和数学原理是否正确(发现)——由因推果，而不是盲目地收集资料、归纳事实(信仰)——由果及因。这种研究方法，是他在科学上取得伟大成就的源泉，也是他对近代科学的最重要贡献。伽利略先后发明了浮力天平、温度计、望远镜等，无一不是依靠观察发现长久以来的“进化性”事实，不与信仰“先天性”混淆。

第二节

先天性要信仰，进化性靠发现

先天性(上帝的指示)和进化性(上帝的设计)各有其存在性，只是在不同的情境下，有不同的对待方式。

对于“先天性”的观念，是唯心主义范畴，是一门宗教，靠的是信仰，用内心去信仰“先天性”的观念；

对于“进化性”的观念，是唯物主义范畴，是一门科学，靠的是发现，用观察去发现进化性的客观规律。

我认为，一位真正的创富投资人，遵循的是人类大基因法则，期许做投资界的文明人。他们的成功不是靠神迹、赌运气得来，而是依靠自身累积创富投资的智和慧。他们的投资行为属于唯物主义范畴(依循事实)，不能诛心(只靠观点)。创富投资人的所作所为必须按照基本的思维逻辑，去观察和发现投资行为在进化过程中的自然运行规律。创富投资是一门社会科学，所倡导的投资行为应该遵循以下见解：

先天性由预测而来，进化性靠观察发现；

先天性听别人判断，进化性凭自己思考；

先天性是由果及因，进化性乃由因推果；

先天性常横空出世，进化性却有理有据。

创富投资要取得判断力(慧)，无法通过对“先天性”的信仰来完成，而要善用“智”观察发现“进化性”的事实，先做到看清投资事，再升级到悟出投资法。

第三节

物理学和生物学的不同

知名的牛顿物理学和达尔文生物学，到底有着怎样的不同？

牛顿物理学	达尔文生物学
均衡理论	进化论
理性系统	非理性系统
高效性	不具高效性
完美的	具有缺陷的
理论但不务实	学术理论极少，务实
适用于正常股市	适用于非正常的股市变化

牛顿物理学，属于均衡理论。

一个均衡体系，讨论的是不受个人主观感受影响的经济体系，以及在此基础上各个变量之间的相互关系，和个人主观感受相关的任何人性因素都被置之于均衡体系之外。

达尔文生物学，讲的是进化论，进化论属于情境理论。

在一个情境体系中，各个参与者都处于动态的活动过程中，个人在这个过程中迷惘、痛苦、欢乐等等的主观感受会相互作用，该体系中的各个元素的相互作用会随环境的变化而变化。

例如，参与投资买卖的投资者中，每个人做出投资判断时都会受到个人情绪的影响。在股市中，这种受个人情绪影响的投资判断就体现为“追涨者有之，杀跌者有之”，以至于股票价格反映的不纯粹是企业的基本价值，还包括各个参与者的主观感受。

牛顿物理学，针对的是一个理性系统。

在一个理性系统中，常常会表现出某种可观测的或可统计的确定趋势。例如，牛顿论证了地面物体与天体运动都遵循相同的自然定律；他阐明了动量和角动量守恒的原理；他发明了反射式望远镜，并发展出颜色理论；他还系统地表述了温度高于周围环境的物体，向周围媒质传递热量逐渐冷却时所遵循的冷却定律；他也推导了声速，即假设声扰动下气体状态的变化是等温过程时，计算得到空气中声速的理论值。

达尔文生物学，研究的是一个非理性系统。

在一个非理性系统中，基于事物过去的表现是无法预测其将来的变化步骤和发展方向的，事物的未来走向具有随机性。

事实上，投资对象在时间序列上呈现的市场价格处于随机状态，不会表现出某种可观测或可统计的确定趋势，投资对象的市场价格无法预测，也就是说，再复杂的图表模型也无法对该投资对象未来的价格做出预测。如果有人询问，股价能涨到多少或要跌到多少，那是毫无意义的。

牛顿物理学，是高效的，因为学术中的一点一滴都可以用公式来概括。

牛顿物理学中，最经典的三大运动定律分别用公式精确计算了物体运动的速度、加速度、时间和作用力的关系。

经济学中，我们所熟悉的理论——E. Fama(1976)现代投资组合理论、Sharpe(1970)资产定价理论 CAPM 等，也都能够用公式精确表达，都是具有高效性的理论。

达尔文生物学，不具有高效性，无法用单一公式来概括。

进化论没有壮观而严谨的公式可以依循，生物学家在判断每一个物种的源头时，都要从解剖学、胚胎学、化石、DNA 等多个方面来研究，当各个方面得出同样的结论时，才会下定论。

创富投资的研究，同样没有公式可以套用，必须通过仔细观察做出有力推论，以形成投资者的操盘依据。

牛顿物理学，是完美的。

牛顿运动定律的适用对象必须满足这样的理想条件：质点(有质量但不存在体积或形状的点)、惯性参考系(参考系是地面)、宏观对象(不涉及分子、原子、电子等内部结构)、低速运动。

达尔文生物学，是有缺陷的。

当生物学家取得千千万万的生物进化研究结果后，才会形成进化树。然而，即使到现在，还有很多细节分类尚不周全。可见，进化论的研究始终处于不断改进之中。

对创富投资的判断从来就没有完美的结果，投资者虽然永远无法保证投资行为可以100%获利，但是却可以通过研究和分析，形成扎实的认知能力，以至于下决策时的感知能力越来越精准，收获不断提高的投资报酬率。

牛顿物理学，是富含理论的，但不务实。

正如前文对牛顿运动定律适用条件的描述，研究对象必须处于一个理想模型的状态中。

达尔文生物学，很少见到学术理论支撑，而是靠观察、靠分析，并且总是处于不断修正的过程中。

正如物种起源的推论靠的就是观察、分析，虽然结论可能被动摇、要调整，但研究的过程是务实的，是针对实际生活环境的。

在对投资对象的研究过程中，推理模型虽然可操作但不务实，观察和推断虽较难操作，但很务实，创富投资人自然应选择后一种方式——一种理智的、提升认知能力的方式。

总结而言，牛顿物理学的做法适用于完全正常的市场投资行为，也就是“无人性干扰、有确定变化趋势、可用公式模拟、无懈可击”的理想模型。这种理想状态，我们在学校里、在课本上可以轻易学到和找到。而达尔文生物学的做法针对的是非正常发展的市场投资行为，涉及大涨大跌等各种特殊状况，这正是投资者每天面对的真实创富投资市场。

第四节

创富投资要观察发现“进化性”

自然科学，研究的是客观事物之间客观联系；社会科学，研究的是人的主观世界，以及与客观世界的相互联系。自然科学和社会科学最重要的区别是：

1. 自然科学中，1+1 必定等于 2，有明确的答案，就像太阳一定从东边升起那样确定；而社会科学中，1+1 未必等于 2，可能大于 2 也可能小于 2，就像股市涨跌那样会受到很多主客观因素的影响。

2. 自然科学可以通过实验就能找到正确的答案；而社会科学要通过检验和推论才能找到真正的答案。

鉴于社会科学的上述特点，投资人要做的，就是排除主客观世界的非规律性因子，抓住其规律性的一面，把握规律性因子中对投资有意义的那部分因子。进一步地，并据此观察和推理，找出事物的发展逻辑。正如前文所说的因为客观世界充满了规律性，主观思维才具有逻辑性。

有关创富投资，我认为是一种唯物主义范畴，是一门社会科学，主要靠的是对投资市场的观察发现和逻辑推理；发现投资市场运作的事实真相，而不是一味地信仰某种学说、某个专家、某只投资名牌。

以股市投资为例，投资人须通过观察总体经济的变化(基本面)、投资资金的进出(资金面)、市场参与者的改变(市场面)、股市线图的转折(技术面)，而后形成一套自有投资要诀。并且，依据所观察到的现象，由因推果(先找到可能影响股市走势脉动的因素，再观察这些因素的变化，推论大盘和个股涨跌结果)，制定出相关的行动方案，在进场或出场时有理有据、大胆果断。在进出场动作执行完毕后，检验自己的逻辑并修正，不断提高投资的成功概率。这样的股市投资行为，就是一种科学行为，也就是依照进化性规律行事。

1946 年，伟大诗人奥登发表了一首严厉劝诫意味的诗作，其中写道：

“不要与统计学家同坐，也不要轻信社会科学”。在很长一段时间里，哪怕是高层决策者，似乎也宁可根据直觉、个人经验和道听途说来做出判断。

而如今，随着环境的改变，随着信息的流通，诗句中提及的两个学科都已改名换姓。统计学现在叫“数据分析”，社会科学成了“行为科学”，以往“凭直觉、论经验、靠听说”的决策方式也一去不复返了。我们面临的黄金时代是——数据分析和行为科学在投资领域的应用！

事实上，由数据分析和行为科学合力而成的“现代”社会科学，正面临着因科技发达而带来的重大优势。随着计算机功能的日趋强大，数据分析能力不在话下，一般的数据分析需求都能得到满足；而对行为科学的掌控，更能通过观察客观世界的规律性、摒弃其非规律性来实现，让投资者的主观思维推论更具逻辑性。

就像上文提到的股市投资，要掌握基本面、资金面、消息面、技术面的精髓，形成自己的投资要诀，实际上就是要运用数据分析和行为科学来读懂企业价值、分析企业价值，为投资判断打好地基。进化性的事实，依循着人类大基因法则，一步步走向文明，需要创富投资人以科学的方法去发现，其本质就是观察。观察既有现象，观察日常生活中触手可及的变化，也就是智和认知能力的积累，潜意识的积累，不假思索就可以从事很多事情能力的积累。

观察并不是一件难事，可以经由对自身的训练加以强化。投资人如果能在日常生活中养成习惯，随时用心观察周边人、事、物的变化，那么发现早已存在的进化性的事实，就是一件理所当然的事了。正如前文提到的投资大师巴菲特，他看到一家所了解的企业时，凭借数年来的分析经验，潜意识中的认知能力便发挥作用，自动生成一幅图像，展现出这家企业10~20年后的模样，然后比对未来的图像和现在的图像，并把比对结论形成下意识的判断。长年累月所积累的潜意识让巴菲特理所当然地、不假思索地形成下意识的判断，为创富投资做好铺垫。

进化性的事实需要DISCOVERY，DISCOVERY就是“发现”，但人们常会把“发明”和“发现”这两个名词混淆。我们会听到这样的讲法：“美国科学家富兰克林发明了电。”其实，电是自然界既有的现象，其现象和原理都不是通过发明而得来的，是盘古开天之前早就存在的，只是一直未被人们发现而已。

所以，对创富投资行为而言，属于唯物主义范畴，是一种科学行为，讲究的是DISCOVERY，而不是BELIEF。也就是说，投资人要学会观察、发现市场行情变化中早已存在的、不断进化的现象和原理。

创富投资的行为跟科学家进行研究的行为一样，如牛顿、伽利略的科学事件；跟侦探家进行破案的行为一样，如福尔摩斯、柯南的办案；跟著名医生诊病的行为也是一样的。其掌握的共通行为，我认为就是一连串的观察、发现，把感知能力(判断)建立在自己长期积累的认知能力(观察)之上；而不是把投资对象的涨跌寄托于某个人、信赖于某件事，把自己的投资准则依赖于别人的学说。

前美国联邦储备委员会(第十三届)主席格林斯潘提及，针对经济事物，要常常问自己：

“真的是这样子吗?”

2015年6月的股灾，对投资人有哪些启示?

2015年6月12日上海股市见顶，达到5178点，随后经历雪崩式的下跌。一开始许多股民纷纷指责这是外资的阴谋，不久之后，政府资金于7月9日正式启动“灾后修复”的救市之路，并在短短两个月内向上海A股注资约1万亿元人民币。不少经受股市崩盘打击的股民，欣闻政府资金的进驻，都以为这是国家让股市重建辉煌的上上策。事实上，政府资金的进场，主要目的是在于稳定股市、减缓市场因股民恐慌造成的不正常雪崩(从“快熊”变“慢熊”，而非熊市变牛市)，以免造成流动性问题引发金融风暴。但投资人只关心股市“是涨还是跌”，他们接到的先天性信息(自己心中的认定)是——“政府资金的进场是为了拉抬股市，对付外资的阴谋，股价马上要大涨，上海股市将立刻再起牛市”，并对此深信不疑，误信先天性信息。结果证明，股市从2015年6月12日的高点5178下滑，并没有因为政府资金的进场恢复荣光。跟随政府资金进场而一起为国接盘的投资人，再一次因信仰先天性信息而被股市洗劫。

创富投资行为是一门科学。在股市投资中，投资人需要从观察的角度去发现大盘的走势，挑选具有发展潜力的个股，而不是一味地迷信某个名嘴、某种学说、某种理论、某种现象、某种工具、某只名牌。

遵循投资推论法则的主观世界，必须建立在客观井然有序的社会科学(数据分析+行为科学)基础之上，排除无序的、没有规律的、干扰和诱骗的片段信息。

主观感知投资推论，只有通过认知的社会观察(数据分析+行为科学)和理性反思，才能掌握投资变化规律的逻辑性。得知事件背后的东西，往往比出场的东西更重要，背后的东西才是具有决定性的。

投资人可以像富兰克林、牛顿、伽利略、阿基米德等科学家那样，也可以像福尔摩斯、柯南等侦探家那样，还可以像巴菲特、索罗斯、格林斯潘等社会经济观察家那样：

用“智”来看清世间事，靠的是观察和推论。

信仰宗教的“先天性(上帝的指示)”和观察发现科学的“进化性(上帝的设计)”不能本末倒置。在创富投资行为中，投资人要认清自己的身份——是现代文明人，而不是未来文明人，若没有上帝之脑，千万不要去扮演上帝之手。

第五章 观察力在投资中的运用

创富投资不是赢在起点，而是赚在转折点。

看清有关投资的所有人、事、物。观察力对投资如此重要，那么在创富投资中，观察的重点应该是什么？投资人要如何借由智观察投资环境，达到创富投资的效果呢？

我认为，那就是观察投资环境变化中的转折点。

第一节

从变化中寻找投资机缘!

可口可乐和迪斯尼是如何取得辉煌的?

可口可乐诞生于1886年，家用冰箱于20世纪30~40年代在美国家庭中普及。巴菲特曾说，电冰箱的商品化，大大促进了饮料业的发展，例如可口可乐、七喜汽水等。因为典型的可乐粉都知道，打开冰箱，拿出可乐畅喝，是一件多么冰爽的事情啊！这就是“家用冰箱从无到有”这一环境变化给饮料业创造的发展机缘。

观察我们身边的变化和投资机缘。

“迪斯尼兄弟动画制作公司”创办于1923年。迪斯尼成立之后，持续推出一部部精美的卡通片，后续再把卡通片的主人公增添到主题公园中，引进到周边产品中。迪斯尼盈利的第一步是让卡通片推广出去，因此，1960年左右录像带的发明和普及，是迪斯尼大发其市的引爆点。

2000年左右互联网的流行，2011年左右由智能手机带动的移动互联网风潮，迅速把线下购物模式(商场销售)转变到线上(网络销售)，淘宝、亚马逊、京东等电商巨头，无一不得益于互联网的普及，线上购物狂潮的同时也给各家快递公司送去广阔市场。

重点在于观察投资环境的变化，以及变化的转折点。从变化中寻找投资机缘！

正如人们所谓的：

“创富投资不是赢在起点，而是赚在转折点。”

在股市投资中，若想借由观察股市现象，达到投资致富的效果，就要观察股市变化的转折点。

第二节

如何观察投资环境的变化?

投资环境变化对产业发展及投资决策的影响非常大。既然如此，有没有适合的方法或特点，可以帮助投资人随时观察(智)股市投资环境变化，以便适时判断(慧)，采取对应的措施，让投资效益最大化?

我认为，投资人可以从四个角度出发，如图 5-1 所示。①时节的转承处；②事情的转变处；③形势的连接处；④事物的界面处。用这四个角度观察投资的环境变化，以及变化的转折点。从观察投资环境的变化中，寻找发现投资机缘!

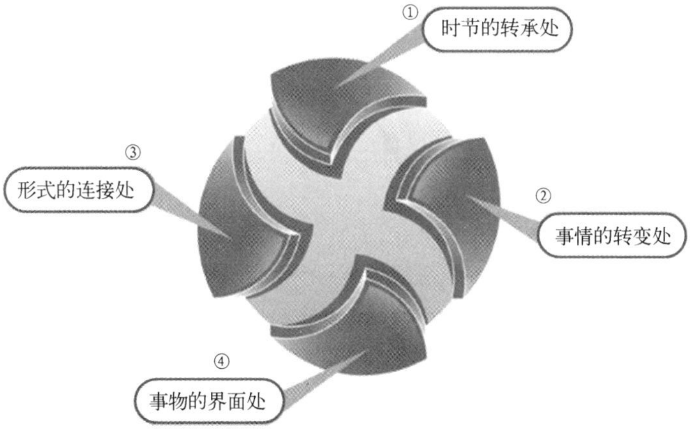

图 5-1　观察投资环境的四个角度

如何以监测系统的想法观察时节的转承处

某些社会经济现象易受到自然环境和社会条件的影响，而呈现出重复出现的规律性、周期性变化。但对投资人而言，投资规律性是很难寻找的，也很难出现周期性变化。投资对象大多是属于独立事件的产生与结束。

世界万物都会随着时间的变化而改变，投资人必须跟随时间轴的推进，用变化的眼光去观察和分析各种现象，包括各种环境变化、企业发展历程、未来发展趋势等。

这些变化趋势在时间轴上会形成一条连续的曲线，这条曲线可能在某些地方变高，在某些地方变低，有的地方变平坦，有的地方变陡峭。

对投资人而言，观察时节的转承处，并不在于找出时节曲线轨迹的周期性与规律性，而在于找出趋势变化的转折点。例如，数量变化的转折点、速度变化的转折点等，以体现投资对象在时间轴上的反转变化。

例如，要观察并分析某个企业每年产品销售收入的变化趋势，重点要放在分析图 5-2 中 x、y、z 三个时间点上。在 x 点，销售收入由减少转变为增加(反转向上)；在 z 点，销售收入由增加转变为减少(反转向下)；在 y 点，销售收入的增加速度开始放缓(成长反转变慢)。

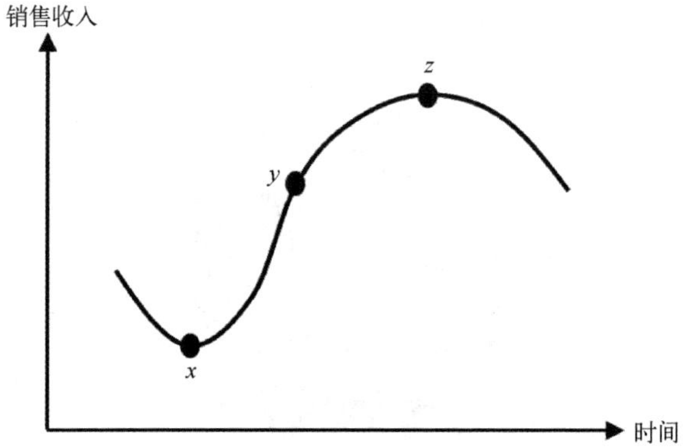

图 5-2　某个企业每年产品销售收入的变化趋势

又如，大盘指数和个股股价都会随着时间的变化而改变，正是各种环境变化的综合作用，导致大盘或个股形成这样或那样的走线图形和变化趋势。我们投资股市时的观察行为，就是沿着时间轴，用变化的眼光去观察各种环境的变化，找出走线图形和变化趋势的转折点。

图 5-3 是某个股的走势，我们的观察重点要放在低点、起涨点、高点三个转折点上。低点处，是个股价格位于落底的底部，并且将于未来进入

反转区，增速由负转正；起涨点处，是个股价格的增长速度开始提升；高点处，是个股价格反转向下，增速由正转负。分析这三个转折点所处的环境有哪些变化，市场有哪些反应，企业发生了什么事件，等等。这样做的目的，是以此推演未来得知，环境、市场、企业等出现哪些现象时，会造成个股价格的低点、起涨点或高点。

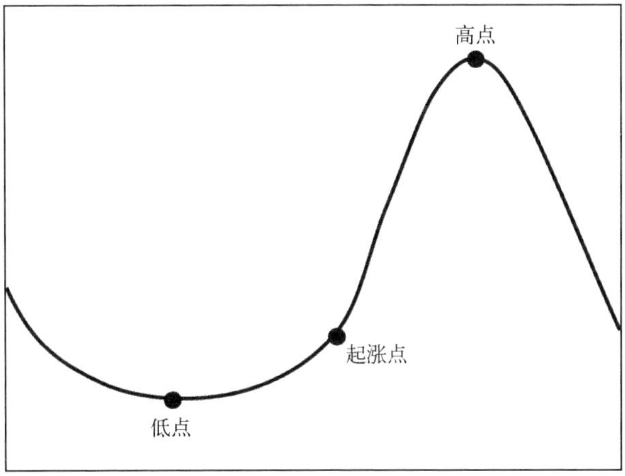

图 5-3　某个股走势图

以中信证券的走势为例：

当中信证券的股价为 4 元、成交量为每天 0.1 亿元时，投资人应进行哪些决策？

当中信证券的股价达到 100 元、成交量为每天 55 亿元时，应该做出哪些决策？

而中信证券的股价回落到 10 元、成交量为每天 10 亿元时，又应该执行哪些决策？

投资人或企业主无法猜测得知各种转折点发生的时间和幅度，但却可以借由智去观察现象，当转折点一旦出现时，投资人立即决定采取何种事先想好的应对方案，用慧去做出判断。投资观察的重点，不在于寻找时间轴上的规律性，而是更以一种监测系统的想法，监视各种投资环境变化导致投资对象呈现出的转折，以及这些转折对投资的成败具有重大的影响性，并且在这种重大转折点一旦出现的时刻，投资人就能立即不假思索地采取事先想好的应对方案，这也正是一种在创富投资的过程中对认知能力的增强。

例如，地震的规律是很难捕捉的，它是突发性的自然现象。但地震专家们可以利用地震监测仪器监测地震，当仪器监测到某些异常状况时，便会发出警报，提醒监测单位注意，告知地球浅层的地壳已开始发生变动了，监测单位应该采取何种应对方案。

又如，在建筑工程的工地上，会摆放多架监测仪器，用以监测建筑物的全部施工过程。一旦工程中产生异常状况，监测器便会发出警示，提醒施工单位注意，纠正工程的异动点。

创富投资行为也是一样的。投资人需要在自己投资的领域，摆放多架监测仪器，随时监测投资对象的异常状况。一旦异常状况发生，监测仪器便会发出警示，提醒投资人，是否需要改变投资方向或投资决策。

在股市投资中就是：不猜测股市大盘指数和股票价位，但事先做好，当各种指数、价位出现时的应对方案。

股市投资中，我们无法预测得知各种转折点出现的时间、价位、转折幅度，无法猜测股市大盘指数和股票价位，因为人类到目前为止不具备预测力。但是，我们可以用定性的逻辑推理方式，观察股市投资环境的变化，观察实际发生的现象，事先想好每个转折点的出现将对应哪些现象的发生。当各种指数、价位出现时，我们应采取何种应对方案。

在此处，我们的股市投资行为，要把重点放在：

①智——观察各种环境因素的影响，以及所有投资股票受此影响的变化转折点，并养成一种随时随地观察的认知能力，将其存储在投资人的潜意识中；

②慧——事先想好，当转折点突然出现时的投资应对方案，并养成一种随时随地思考，应付各种转折变化的感知能力，将其存储于投资人的下意识中。

事先分解出股市“进场买入”因素和“出场卖出”因素，当投资环境变化，与所列的因素相符时，便及时调整策略，做出“进场买入”或“出场卖出”的动作。在实际操作过程中，要对所列的因素不断修正，这样才能持续提高自己有关创富投资的智，提高自己有关创富投资的认知能力，提高自己不假思索就能做很多有关创富投资的能力，最后就可以提高自身创富投资的判断力（慧）。

如何观察重大事情的转变处

对投资人而言，观察投资环境的变化，其中一个重点，就是要了解投资对象，了解相关事情的转变处。通过观察和跟踪重大事情的转变趋势，用来看清影响投资的各项重大事件，包括整体宏观经济环境和微观经济环境等。

例如：

①从按键式手机盛行，变化到智能型手机取代按键式手机，其事情的转变处，在于液晶触摸屏技术的出现；

②从胶卷摄影盛行，变化到数字相机取代传统胶卷相机，其事情的转变处，在于数字技术的出现；

③从内地市场闭关，变化到内地改革开放，并且从此与台湾展开两岸关系，其事情的转变处，在于1992年邓小平南方谈话；

④从内地改革开放，并且从此与台湾展开两岸关系，再变化到台湾开放内地旅客观光，并且两岸关系更加密切，其事情的转变处，在于2008年马英九当选台湾地区领导人。

在我们时常观察的过程，如果有关创富投资的相关事情尚未出现，则无须做任何改变现有投资决策的动作；而当我们一旦看到，有关创富投资的重大事情开始转变了，就要思考，是否要改变现有的投资决策。例如，观察、发现液晶触摸屏技术出现了，那就要思考是否要继续投资诺基亚和摩托罗拉（按键式手机）的股票，还是转投苹果、三星（智能型手机）的股票？

在此处，我们的创富投资行为，宜把重点放在：

①智——观察各种会影响投资决策的重大事情转变处；

②慧——当重大事情转变处一旦来临时，投资人就要考虑是否改变投资决策。

如何分析经营形势的连接处

对投资人而言，形势的连接处就是在于观察投资对象形和势的变化。

“形”是名词，强调的是静态形态；“势”是动词，强调的是动态推动力。

形，意指形态。观察企业的发展过程时，企业在某个时点的“形”，就是指企业在该时点的形态，包括企业的产品、人力等各方面的状况。同一个企业的“形”，会随时间变化而变成不同的“形”，即“形 1”→“形 2”→“形 3”。“形 1”、“形 2”和“形 3”的最大不同之处在于，同一家企业随着时间的改变，经营形态产生不同的变化。这个形态的变化趋势，就是我们必须观察该企业的重点。

在投资中，对于投资人而言，观察和分析投资对象的“形”，其重点要放在“形”的改变，即经营形态的变化趋势。

前文所述，巴菲特看到一家所了解的企业时，凭借数年来的分析经验，他自动生成一幅该企业 10~20 年后模样的图像，然后比对未来的图像和现在的图像，并把比对结论形成投资判断。该企业现在所呈现的图像就是我们所说的“形 1”——现在的经营形态，而 10~20 年后所呈现的模样则是“形 2”——未来的经营形态，巴菲特的做法正是在观察和分析投资对象的“形”的变化趋势。

势，是指各种推动“形”变化的重要因素，可以是外在投资环境因素，也可以是企业自身条件。对于企业而言，“形”的变化通常都是由“势”的推动而发生的。

对于企业“形 1→形 2→形 3”的变化，除了考虑“形”，还要考虑“势”。要观察和分析，哪些“势”(重要推动因素)在推动这些“形”的变化，以及这些“势”是如何推动“形”的变化的。

例如，生产塑料、五金的美的公司是“形 1”；随时间的变化，成为生产电风扇、空调等电器的家电企业，是“形 2”；随时间的变化，进一步成为全球综合家电品牌的领导者，是“形 3”。

“势”是如何推动这个变化过程的？投资人观察和分析“势”的重点在于，找出推动投资对象美的公司由“形 1”——生产塑料、五金，变成“形 2”——生产电风扇、空调等电器的因素，“形 2”—— 生产电风扇、空调等电器，变成“形 3”——综合家电生产企业的因素，并分析这些因素是如何推动“形 1”变化成“形 2”、推动“形 2”变化成“形 3”的。

我们以美的公司为例来观察和分析“势”的推动。

推动生产塑料、五金“形 1”→生产电风扇、空调“形 2”的势：

①20 世纪 80 年代初期，国家实行改革开放，开放国外品牌进入大陆市场，同时鼓励国内企业引进国外技术，自行生产。美的在政策鼓励与利润推动下自行研发技术，开始生产电风扇。

②20 世纪 80 年代中期，人民生活水平提高，对电器的需求进一步增多，空调开始出现。同时，国家电力供应趋于成熟，政府对企业实行放权和让利政策。美的电风扇技术已经成熟，在市场需求和利润推动下，研发技术，进军空调行业。

推动生产电风扇、空调“形 2”→综合家电厂商“形 3”的势：

①20 世纪 90 年代初期，美的借鉴国外企业经验，在国内率先进行改革，积极推进企业转制，并于 1993 年在深交所上市，获得资金支持。

②2004 年，中国家电市场步入转型期，大规模企业通过并购扩大规模，实现企业自身的进步。美的紧跟市场趋势，开始大规模并购小企业，扩大业务规模，包括空调厂、冰箱厂、洗衣机厂、小家电厂等等。

③2000 年之后，人民收入持续增长，生活品位不断提升，消费观念进一步转变，对家电需求由基本功能向多样化、科技化、人性化功能转变。

美的公司从“形 1”到“形 2”的转变，以及从“形 2”到“形 3”的转变，分别是由上述两股“势”推动的。找到推动企业“形”变化的“势”，就能把握到形势的连接处。如果把时间拉回到美的公司上市的 1993 年，投资人能看到能观察并判断出美的会在“势”的推动下从“形 2”变化到“形 3”，那么存着美的股票不卖就好，时至今日已经上涨了 100 多倍。

我们站在现在的时点，把企业现在的形定义为“形 1”，企业 5 年后的形定义为“形 2”，企业 10 年后的形定义为“形 3”，投资的观察和分析重点，必须思考 3 个问题：

其一，“势”能否推动企业从现在的“形 1”到 5 年后的“形 2”？再推动到 10 年后的“形 3”？

其二，推动的理由是否合理？

其三，5 年后的“形 2”和 10 年后的“形 3”是否是投资者所期望的形态？

投资人要问自己，上述 3 个问题是否都符合投资要件？

如果都符合了，所观察的企业就可列为投资选择的目标。同时，投资人要考虑此企业“形的变化”和“势的调整”是否具有一致性。

如果投资人发现不符合，则不投资或撤回投资。

那么，观察和分析势的推动有哪些步骤呢？可以通过以下6个步骤实现：收集资料→观察现象→提出前提与假设→寻找机会与威胁→提出结论与建议→验证并检讨。

第一步，收集资料。收集形态变化，构建发展转折点、发展动因等各项基本资料。

第二步，观察现象。汇总数据并重点观察形态的形成、发展、转变等关键点。

第三步，提出前提与假设。重点在于，在观察“势”推动“形”的变化过程中，要先提出前提和假设。只有在一致的前提和假设下，各方才有相同的讨论基础，才能聚焦在共同的观察点上，看清“势”如何推动“形”的变化。不然，在不同的前提和假设下，各有不同的推论，常会导致“会而不议，议而不决，决而不行，行而不果”。

第四步，寻找机会与威胁。在一定的前提与假设下，寻找形态变化过程中的机会与威胁，尤其是要寻找出机会点和杠杆解。

第五步，提出结论与建议。总结形势变化的趋势，并提出“势”如何推动“形”的各项建议。

第六步，验证并检讨。在最终形态出现后，验证并检讨在既定前提和假设下所提出的结论与建议，甚至有时需要重新修改先前的前提和假设。

在此处，我们的股市投资行为，要把重点放在：

①智——观察各种会影响所投资个股“形”和“势”的连接处；

②慧——当投资个股的“形”改变时，我们要了解它是靠哪些“势”推动的，是如何推动的，这些连接的方式，是否值得我们投资或需考虑撤资。

如何理清事物的界面处

事物的界面处，指在不考虑时间变化的情况下，观察和分析事物彼此间的关系。例如，某一时点下，不同公司的“形”之间的关系。

某一时点，生产空调的美的公司是“形美的”，另外一家生产空调的格力集团是“形格力”，观察和分析“形美的”和“形格力”的关系。或者生产空调的美的是“形美的”，其空调压缩机供应厂商东芝是“形东芝”，观察和分析“形美的”和“形东芝”的关系。

下面通过观察手机产业“事物的界面处”，来理清不同公司“形”之间的关系。

以“形苹果”(苹果手机)、“形 HTC”(HTC 公司的手机)、“形小米”(小米手机)为例进行说明。

“形苹果”，锁定高端智能型手机市场，价位人民币 5000 元。产品的市场特点是：①单一机型；②自行制造；③乔布斯亲自代言。

“形 HTC”，锁定高端智能型手机市场，价位人民币 5000 元。市场特点与苹果、三星等一线品牌类似：①多机型；②自行制造；③名人代言。

“形小米”，锁定中低端智能型手机市场，价位人民币 2000 元。功能比高端智能型手机差一点，但售价低很多。产品的市场特点是：①单一机型；②不打广告；③委托其他企业生产；④限量发行；⑤仅通过网络销售。

从“事物的界面处”方面出发，投资人观察和分析的重点，是通过理清投资对象与其他企业之间的关系，包括竞争企业、上下游企业等，看清楚投资对象所处的环节、位置、地位、阵营，以及对其他企业的影响能力和议价能力等。

前面阐述的苹果、HTC、小米同样都是手机生产商，但所处的市场位置不尽相同。

另外，我们也可以从消费品酒类的“事物的界面处”来观察。例如，我们可以通过分解某个产品的售价组成，来观察产业价值链上各相关联企业之间的影响力。

据调查，一瓶茅台酒的售价中，原材料成本占 3.2%，销售和市场费用占 3.1%，管理费用占 5.2%，税金占 6.4%，经销商费用占 33%，企业利润占 49.1%。从“事物的界面处”来看，意味着经销商对该企业的影响力最大。

另据调查，在上海，一瓶进口的红酒售价中，原料及酿造成本占 14.4%，人工成本占 8.4%，玻璃瓶身及软木塞成本占 2.8%，运输仓储费占 6%，市场营销费占 2.1%，代理商成本占 9%，酒庄收益占 7.3%，税金占 50%。从“事物的界面处”来看，意味着上海市政府的税收政策对该企业的影响力最大。

在此处，我们的股市投资行为，要把重点放在：

①智——观察各种会影响所投资个股的相关事物间界面的变化；

②慧——当重大事物间的界面变化时，我们就要考虑是否改变投资决策。

平日里，我们要经常从时节的转承处、事情的转变处、形势的连接处、事物的界面处四个角度出发，观察投资环境的变化，发现创富投资机会，及时改变投资决策。

第三节

观察环境变化并不难

人们常说："没知识也要有常识，没常识也要看电视，没看电视也要经常逛夜市。"

这句话说明，观察并不是件很困难的事，主要是投资人本身是否在日常就养成习惯，随时用心观察周边的人、事、物，用心培养认知能力（智）。

如何从影片《碟中谍》中观察未来世界可能出现的新事物？

我们可以通过看电影观察环境变化。有时电影放映没几年，新技术便投入运用。

例如，《碟中谍 2》（Mission Impossible 2）由汤姆·克鲁斯主演，该片于 2000 年上映，展示了液晶触摸屏技术。不久，以智能型手机为代表的一系列液晶触摸屏产品出现。

又如，《碟中谍 3》（Mission Impossible 3）于 2006 年上映，展示 3D 打印技术，进行脸部模型打印，克鲁斯用 3D 打印技术做出一张假脸，去装扮成大坏人，完成他的使命。不久，3D 打印技术就投入实际使用。

再如，《碟中谍 4》（Mission Impossible 4）于 2011 年上映，展示各种识别功能，将人体特征（脸型、眼、手纹等）与数据库中的信息相匹配，精准锁定目标。相信不久，高科技识别系统和大数据的应用，或许就会出现在人们的生活之中。

第四节
企业随环境而变的永续经营图

永续经营图表示的是，一个企业若要在随时变化的投资环境中保持历久不衰，那它应该循着何种轨迹行走。

图 5-4 以“BP 机—模拟手机—数字手机—智能型手机”的发展过程为例，说明“永续经营图”的作用。

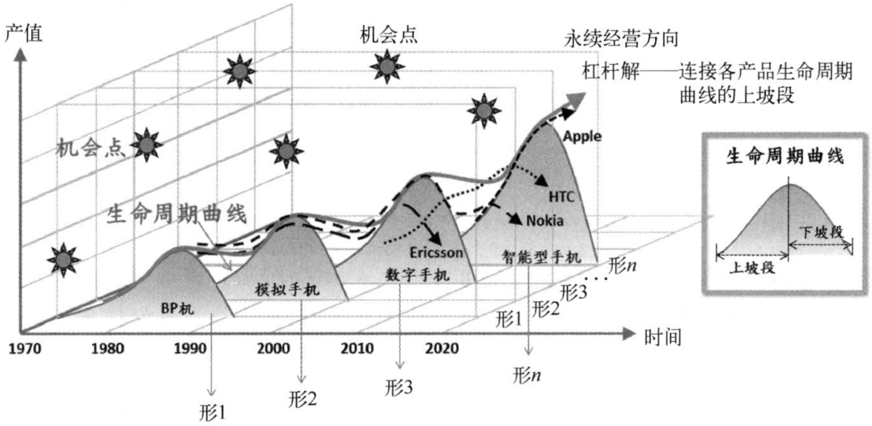

图 5-4　永续经营图

在永续经营图中，有四项重要元素：

①横轴代表时间，从 BP 机萌芽期 1970 年起。

②纵轴代表产值，对应各产品“生命周期曲线”的起伏(一波波弧形实线曲线)，以及各企业发展的起伏(长线虚线曲线)。

③空间轴代表产品层面，是不同的“形”，即“形 1”、“形 2”、……、“形 n”。

④在投资环境中有很多机会点，投资人可以靠机会点撬起致富的杠杆。

在永续经营图中，将各产品生命周期的上坡段（快速成长期）连接起来，形成一条曲线，这条曲线就是永续经营方向杠杆解。

如果企业可以把握每一代产品发展的“势”，沿着永续经营图杠杆解的轨迹发展，便可以保持在一个永续经营方向。此时企业产值高、产品竞争力强，它的成功就是必然。

若企业只是把握到其中一代产品发展的“势”，但随着投资环境的改变，产品进入另一个生命周期时，企业没有跟上，则它的成功只是偶然。

各大手机厂商的经营图趋势分别是怎样的？

事实上，并非每个企业都能把握永续经营方向，有些企业虽然能在某个或某几个产品生命周期中把握其中一段，但在投资环境变化后，未必能跟上另一个新的产品生命周期，而是随着之前的产品生命周期陨落。

例如，爱立信的手机业务。

在模拟手机市场中，爱立信处于领头羊的位置。

但市场进入数字手机时代后，它的经营策略没有随着投资环境的变化而调整，依旧注重技术，忽视品牌创建、产品设计、商品营销等环节，结果让爱立信只能当个市场追随者。最后，只好在 2001 年与索尼合资成立索尼爱立信，2012 年彻底被索尼收购而消失。

例如，诺基亚的手机业务。

在模拟手机市场和数字手机市场中，诺基亚都处于领头羊的位置。

当市场进入液晶触摸屏技术的智能型手机时代后，诺基亚的重心还是处于按键式手机，而其新的智能型手机操作系统坚持使用自己的塞班系统，品牌份额在安卓系统和苹果系统的夹击下，节节溃败。

例如，HTC 的手机业务。

在模拟手机和数字手机市场中，HTC 表现并不佳，但因较早开始研发并生产智能型大屏幕手机，HTC 在智能型手机时代夺得先机。在苹果手机流行之前，一度是智能型手机的领导者。

可是，HTC 的操作系统，起初站错队使用 Windows 系统，在智能型手机迅速发展的过程中才改用安卓系统。另外，HTC 主攻高端智能型手机市场，与苹果、三星等一线品牌直接竞争，忽略了后来崛起的中低端智能型手机市场，最终被苹果、三星，甚至小米、华为等企业迅速追上。

例如，苹果手机业务。

苹果在智能型手机阶段切入手机市场，并使用自身研发的苹果系统，产品发布赶上智能型手机的发展时代，手机产品将科技和时尚完美结合，并精准把握消费者的使用习惯，让苹果后来者居上，成为目前智能型手机市场的霸主。

目前，苹果手机因投资环境的造就而成为市场主角，未来若不能随着投资环境变化而调整策略，继续位于永续经营方向杠杆解的上坡轨迹上，终有一天，也会像前几家公司那样，随着产品生命周期反转而向下。我们当然不愿看到这一天，但如果真的来临，那么，苹果公司目前的这种成功就是偶然。

台湾联发科的经营图趋势是怎样的?

台湾联发科成立于 1997 年，是业界知名的芯片(IC 设计)制造厂商。联发科的成功，不只是因为其卓越的IC设计能力，更重要的是因为它把握到芯片(IC 设计)发展的脉络，始终沿着永续经营图 5-5 中“永续经营方向杠杆解”前进。

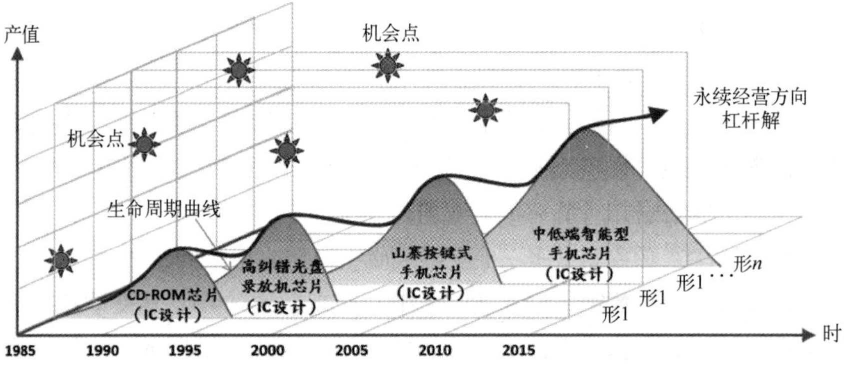

图 5-5　联发科的永续经营图

联发科经营初期，恰逢大陆光盘录放机发展之初。当行业巨头索尼、飞利浦、东芝等，执着于高端机型的研发时，联发科开始量产具有高度纠错能力的光盘录放机芯片(IC 设计)。

这种芯片正符合内地市场的所好！因为内地市场盛行盗版光盘，如果用高端光盘录放机播放这些低质的光盘，常会出现“无法播放”的尴尬；而若使用纠错能力极强的光盘录放机播放，消费者则可花费较低成本(录放机和盗版光盘的价格均较低)顺畅地观赏影片。

联发科作为光盘录放机的芯片供货商，带领内地几千家企业 1 年生产出 5600 多万台 DVD 机，也使得当年价值人民币 2000 多元的 DVD 机降价到如今的人民币 200 多元。

2003 年起，大陆山寨按键式手机开始发展，到 2008 年发展到高潮。从发展之初起，联发科便为山寨按键式手机生产商提供半成品，被誉为山寨按键式手机的专属供货商。

联发科把芯片(IC 设计)、软件平台、设计结合在一起，提供给手机生产商。手机生产商只需购买屏幕、摄像头、外壳、键盘等简单的零部件，就可以出产手机。联发科帮助大陆手机生产商大大缩短了出产周期，从原本 6~9 个月甚至是 1 年才能出产一款手机，缩短到 3~6 个月就能出产一款手机。

由于大陆山寨手机生产商无须担负研发成本、营销成本、税费成本，其商品价格约为正版手机价格的 1/3。而山寨手机因为价格低廉、质量较为稳定等特点，受到大量中低收入者的青睐。

2011 年起，智能型手机进入发展成熟阶段，技术已基本无进步空间。于是，大陆出现诸多中低端智能型手机生产商。这些生产商通常不会自己研发芯片(IC 设计)，而是使用现成的芯片。联发科便是中低端智能型手机芯片的重要供货商。

长期以来，联发科在中低端芯片市场上极其活跃，凭借其低成本优势占据中低端芯片市场。目前，大量人民币 1000 元左右的手机，均采用联发科芯片，其中包括小米和中华酷联的中低端手机，更不乏其他大陆的手机品牌。

在偌大的大陆智能型手机市场中，中低端智能型手机的消费量是巨大的。专业机构的研究表明，价位在 100 美元左右的中低端智能型手机是目前大陆市场的主流。可以想见，联发科芯片产品的巨大市场。

联发科凭借本身的研发优势，并结合大陆市场电子产品的成长轨迹，不断大胆地调整产品经营策略，抓住内地市场电器、通讯发展的各个机会点，沿着永续经营杆杠解方向前进：

经营初期，在内地光盘录放机发展之初，开始量产具有高度纠错能力的光盘录放机芯片（IC 设计）；

之后，内地山寨按键式手机发展之初，开始量产内地山寨手机芯片（IC 设计）；

后来，内地中低端智能型手机发展之初，开始量产中低端智能型手机芯片(IC 设计)。

联发科凭借自身具备的卓越芯片 IC 设计能力的优势，抓住内地市场各次变化的机会点，让企业一直保持在各个产品生命周期的上坡段。目前它的成功，可以说是必然，始终沿着永续经营图中永续经营方向杠杆解方向前进。

讲完了联发科善于观察的例子，我们再来看看其投资的汇顶科技，是否同样具有联发科的慧眼。

汇顶科技是一家基于芯片设计和软件开发的整体应用解决方案提供商，目前主要面向智能终端、物联网及汽车电子领域提供领先的半导体软硬件解决方案。

汇顶科技于 2016 年 10 月在 A 股上市，上市时联发科通过全资子公司间接持有汇顶科技 21.34%的股份。事实上，早在 2011 年，联发科就在众多触控芯片厂家中选中汇顶科技并入股，并向汇顶科技提供技术支持。可以说，这两家公司的经营逻辑在一定程度上是非常相似的。

2002—2006 年，汇顶科技的主要产品是固定电话芯片，曾一度成为全球最大的电话芯片公司。随着固定电话市场的萎缩，智能手机等电子产品的启动，2007 年开始研发电容屏触控芯片(实现触摸屏功能)，并于 2010 年商用。

随着智能手机、平板电脑的快速发展，汇顶科技于 2011 年开始研制电容指纹识别芯片(手指放在金属体硬件上进行识别)，并于 2014 年商用，目前该技术处于全球领先地位。

随着电子产品各项功能的进一步完善和发展，汇顶科技于 2014 年开始研制光学屏下指纹识别芯片(手指放在屏幕上进行识别)，并于 2018 年商用。

目前，汇顶科技正在布局汽车电子(语音交互系统为主)。

从汇顶科技的发展轨迹来看，踩准了每一轮和触摸芯片相关的技术革新，布局并得以实现。

汇顶科技的未来发展之路上，如果我们观察到，它能够继续把握到科技发展脉搏，并努力为之，无疑是一个优秀的投资标的。

第五节
错误的投资源于错误的观察

在创富投资过程中，从各种成功、失败的经验里，我得到以下心得："错误的投资源于错误的判断，错误的判断源于错误的推论，错误的推论源于错误的解读，错误的解读源于错误的描述，错误的描述源于错误的观察。"

以 2014—2015 年发生在中国的那波股市行情为例。2015 年，股市于 6 月 12 日达到最高点，事实上，在高点到来之前，已经出现多种情形，预示着高点即将来临。只是，情形出现后，被有些投资人观察到了；这些投资人虽然观察到了，但却是错误的观察和错误的描述；之后经由一系列连环反应，导致错误的判断。

2015 年 4 月 29 日，中国石油的股价攀升阶段性高点 15.2 元/股后，节节衰退；同日，中国石化的股价见顶 9.07 元/股后，进入下滑通道。当时，大盘正处于牛气冲天的 4400 多点，有些人无视"两桶油"(中国石油和中国石化)的下跌，更多的人观察到这一现象，但是描述为"股市少数派"动向，进而解读为"不会影响大盘一飞冲天"。

事实证明，上述解读又错了。

"两桶油"的领跌，源于全球原物料价格的下跌。2014 年 7 月起，因为原物料市场供过于求，国际原油成品油的价格双双开始下跌。2015 年全年，布伦特、轻质原油、天然气等价格，下跌幅度为 30%～35%，柴油价格下跌超过 40%，该跌势直至 2016 年初才企稳。

2014 年 1 月 8 日，贵州茅台酒曾探底 89.94 元/股，之后一路上扬，2015 年 5 月 26 日，贵州茅台上涨到最高点 259.66 元/股。此时正是股市一片叫好的时候，场外配资、借钱炒股，全国上下的股民都处于狂热中。虽然很多人观察到贵州茅台开始下跌，但他们描述为"短期震荡"，解读为

“获利回吐”。

事实证明，上述解读也错了。

殊不知，贵州茅台领跌后不久，大盘于6月12日到达顶峰后调头下跌。贵州茅台的领跌，与政府禁止“三公”(因公出国、公务车购置及运行、公务招待)消费有关，与“消息灵通”的资金提前退场有关，等等。

中国中车(由中国北车和中国南车合并)是股市2014—2015年行情的领涨股，也是在2015年牛市阶段中涨幅远超大盘平均涨幅的股票。2013年6月25日，中国南车(后更名为中国中车)的价位是3.1元/股，之后逐步上扬，至2015年4月20日，最高价为39.3元，是最低点的足足12倍多，被冠以名副其实的“神车”。可惜，从此之后便一泻而下，“神车”如同过山车。

一位长沙股民不惜花费170万元本金，使用4倍融资杠杆投资股市、博弈神车，投资总额850万元。6月9日和10日，神车连续两个跌停，这位股民亏光170万本金后，与妻子大吵一架。最终于6月10日晚上想不开并跳楼自杀，让人唏嘘不已。

这位长沙股民的冲动之举发生于6月10日，很多人观察到新闻报道，有些人描述他傻、投错个股，有些人描述他“运气不好”恰好碰到神车跌停，他们丝毫没有把长沙股民的举动解读为大盘见顶的信号。果然，大盘在两天后触顶。

可见，在大盘到达高点之前，已经发生了各种迹象：“两桶油”跌了，贵州茅台跌了，“神车”跌了，因为这些神股，都是当下大盘领涨的大型个股；相对地，它们也成为大盘的领跌个股。但是，大部分投资人在当时，观察错误了，描述错误了，解读错误了，推论错误了，判断错误了，最后造成，投资错误了。

错误的观察导致错误的描述，用“个别现象”“短期震荡”“运气不好”欲盖弥彰；

错误的描述导致错误的解读，“不影响大盘一飞冲天”“获利回吐”“大盘继续走强”等提法沸沸扬扬；

错误的解读导致错误的推论，不少股民坚信，股市一定会冲破1万点；

错误的推论导致错误的判断，死守阵线，或是继续加仓；

错误的判断导致错误的投资，6 月 12 日大盘反转直下后，这些深陷谜团的股民才逐渐梦醒——大盘真的见顶了！

从以上的举例说明，创富投资人应做到先观察(建立认知能力)、再推断，最后再做出投资判断(形成感知能力)，这种做法的投资胜算率会有明显提高。

一般投资人看到一个现象产生时，往往喜欢马上下结论，做出判断，立刻投资，此乃由果及因。真正投资专家的思考逻辑是由因推果，先经由对各种现象的观察，再透过观察→描述→解读→推论→判断，最后才做出投资决策。运用观察各种现象发生，描述出多种假设情境，对各种假设情境进行解读，并一一加以推论和验证，最后依据推论和验证的结果，进行判断，再行投资。这是向创富投资文明人目标前行的标准步骤。

做投资切忌马上下判断，由果及因，用错误的假设来倒推所观察到的现象，这样只会让不正确的描述和解读掩盖了事实真相，造成错误的投资来自错误的观察和描述，错误的感知能力来自错误的认知能力。

第六章　先观察后推断

一切推断都必须从观察与验证得来。

为何要先得智，后得慧？

为何要先认知，后感知？

为何要先看清，后悟出？

为何要先观察，后推断？

创富投资，慧要建立在智的基础之上，悟出投资法要建立在看清投资事的基础之上，感知能力要建立在认知能力的基础之上，推断要建立在观察的基础之上，主观思维的逻辑性推论要建立在观察过往客观世界的规律性上。

第一节

从一流父亲的做法来谈判断力

何谓一流的父亲?

关于判断力，先来回答一个小问题。

一位父亲在自己生活的年代，事业做得很好，很会赚钱，他也想让孩子未来一辈子都有钱花，不怕贫穷。

相同的道理，一位父亲很会钓鱼，一辈子钓了很多鱼，他也想让孩子未来一辈子都有鱼吃，不至于饿死。

这位父亲该怎么做?

按不同的教导方法，依我人生经验归纳，世界上的父亲可以简单分为三类。

第一类，三流的父亲。

他们把重点放在如何多钓些鱼给孩子吃，如何给孩子喂更多的食物(物质传承)。

三流父亲的一生努力地钓鱼(金钱)，钓了许多鱼，以便可以留给自己的孩子吃食。但殊不知，哪一天鱼吃完了，或孩子把鱼给扔了，孩子就饿死了(没钱)。

这就好比，父亲一生努力地创富投资、赚取金钱，并毫无保留地让孩子花费。但是，当有一天，金钱用完了，孩子就再也没有钱可用了。

第二类，二流的父亲。

他们把重点放在如何教会孩子钓鱼，如何通过教导让孩子学会自己钓鱼(教育传承)。

二流父亲担心自己钓的鱼不能供孩子吃一辈子，有一天鱼被孩子吃完了，就饿死了。于是，他们就教导自己的孩子如何钓鱼(金钱)。但是，若孩子没有钓鱼的天分，或是钓鱼的池塘里，只有很少数的鱼，即使孩子学会再高超的钓鱼技术，有天还是会把鱼钓完、吃完，孩子还是要饿死的(没钱)。

这就好比，父亲着力教导孩子如何创富投资、赚取金钱。但是，如果孩子没有投资的天分，或是其所处的环境只有很少的赚钱机会，那么能够赚到钱的概率就会大大降低，孩子也就没钱可用了。

第三类，一流的父亲。

他们把重点放在如何让孩子判断哪个池塘的鱼多，如何把判断力传授给他的孩子(价值传承)。

一流父亲用一生的经验和判断力，教会他如何判断哪个池塘鱼(金钱)多，哪个池塘鱼少。即使孩子没有钓鱼天分，但他总是可以找到鱼多的池塘，只要把鱼竿放到池塘中，多多少少也能钓到鱼(金钱)。

这就好比，父亲教导给孩子的，是如何判断哪里容易靠创富投资赚取金钱。即使孩子不大会赚钱，但只要他找对地方、找对方法，找到赚钱概率大的“池塘”，并在“池塘”里放一个小小的“诱饵”(起始投资资金)，多多少少也能赚到钱，也就不愁会没钱花了。

由此可见，一流的父亲和其他父亲具有显著的差别，显著之处在于，一流的父亲传授给孩子的主要能力是——

创富投资的判断力！

而其他父亲教导孩子的钓鱼能力和如何留下更多的鱼，只是作为辅助之用。好比成功的企业家第一代，若要教导出成功的企业家第二代，除了传递金钱(外在)外，更重要的是传递判断力(内在)。

相对于更多喂食(金钱)和教导学习，判断力(慧)是适用范围最广、思考层次最高、执行效率最强的感知能力。有了判断力，还担心小孩没有鱼吃或者钓鱼技术不好吗？判断力，是指导孩子获取成功的法宝，是成为“文明人”的必备能力。

成功的祖辈或是父辈，除了把金钱(财富)传递给子孙外，更要把重要的资源和“武器”——判断力(才慧)传递给后代！古人所谓：“财富可以安邦，才智能以治国”。

中国人常说“厚德载物”，累积深厚的德行，才能承载起从世间得来之物；相对创富投资而言，延伸为“厚智载财，厚慧载富”，只有积累观察、发现、推断投资市场运行的智慧，才能获取投资的财富。当下获取的财富，终有一天会散去；而靠创富投资智慧却可以创造更多的财富——智慧可以衍生新智慧，智慧可以衍生新财富，生生不息，一代传一代。

如果成功的企业家第一代只是能把有形的金钱(财富)传递给第二代，但是忽略了把自身无形的判断力(才慧)教导给第二代，那么是不易成就成功的企业家第二代的。因为仅仅是金钱的传递，只能塑造出判断力弱、选择力差、不具投资智慧的第二代，这样的第二代，自然不太会成为成功的企业家。

成功的企业家第一代，为什么不易有成功的企业家第二代?

从常理上讲，以一流父亲的标准，成功的企业家第一代顺理成章地会培养出成功的企业家第二代，但是事情没有那么简单，判断力的传递并非易事，才慧的传承不是一朝一夕，不然就不会有“富不过三代”的说法了。

为什么会这样呢?

成功的企业家第一代，因为已发展出一套属于自己的正确创富投资智慧，包括细微的观察力、迅强的判断力、极高的投资成功率，进而容易走上成功之道。其实，在成功的大道上，成功的企业家第一代不仅仅是获得了有形的人生财富——金钱，更是累积了获取财富的无形资源——判断力(才慧)。

不易有成功的企业家第二代，是因为企业家第一代虽然能把金钱(外在)传递给第二代，但是他们并没尽心尽力地把本身的判断力(内在)教导给第二代，造成第二代选择力弱、投资胜算率不高。

常见的情形是，对于企业家第一代，由于事业占据太多时间，他把大部分精力用于提升自己的感知能力，把自己的判断力从90分提高到95分；反而忽略了帮助判断力只有10分的第二代提升到60分。有些企业家第一代的确有一套属于自己的创富投资要诀，并不断增强自己的判断力，但他自己并不知道这套要诀究竟是什么方法，只知道应该如此选择、如此判断才对。另一些企业家第一代知道是什么要诀，但他不知道应该如何教导给他的第二代。

如此一来，第一代和第二代的差距不在于金钱，而在于判断力。

金钱是外在的，它的存在并不一定是长久的；而判断力是内在的，且随着内功（智）的积累，判断力（慧）会不断增加，是持续的、长久的。如果企业家第一代只交给第二代有形的金钱，那么总有一天，第二代以后的某一代会把家产全部败掉；如果第一代交给第二代的，除了金钱还有无形的判断力，那么第二代便有能力将家业发扬光大，再创辉煌！

美国乐透彩的大奖得主，为什么7年间便把奖金全部花完了？

或许有人会说，赢了大奖很容易就挥霍光了！这可能是原因之一，但更主要的因素是，这些大奖得主能够赢取奖金，多数靠的是运气，并非判断力的积累！他们在使用奖金的过程中，或许做些投资，或许做些事业，但是，由于没有判断力的积累，没有认知能力的积淀，很容易被骗，导致判断失利。这便是平均7年花光全部奖金的主要原因。

继承100亿元和继承1亿元金钱的富二代，谁会败得更快？

继承100亿的富二代往往会比继承1亿的富二代败得更快！

拥有100亿的富二代，因为其家产实力雄厚，容易吸引更多各种中介甚至骗子接近他、包围他，推荐给他各种各样的项目，建议他花大钱进行各项不良投资；也会吸引更多的坏分子，来改变他父亲传给他的认知能力。而他因为缺乏感知能力——判断力，极易被包围者给骗了，判断失利，快速败光所有继承的积蓄。

因此，在创富投资的经验积累过程中，投资人追求的不只是金钱（财富）的增加；更重要的是获取判断力（慧）的增强，让自己在创富投资的历程中，不要只在意短期财富的暴涨、暴跌，而是要时时保持"厚智载财、厚慧载富"的长期和谐稳定状态，让认知能力和感知能力的发展相辅相成，达到"慧里含智、智能辅慧"的高度。

成功的企业家第一代，如何教导出成功的企业家第二代？

成功企业家第一代，若是没有培养出成功企业家第二代，那这个企业家的成功只能算一半。为了让成功加倍，成功企业家第一代应该怎么做呢？

有没有办法培养出成功企业家第二代呢？

多年前，曾经有位将近60岁的富人朋友问我，有没有办法能把他一生白手起家的财富交到他儿子手中？不期望儿子能发扬光大，但求他不要把财富给败掉。他已经问过许多金融界的朋友，大多是泛泛之谈，还没有找到一个较好的方法。

于是，我讲了自身深思得到的、三种不同思考层次父亲的心得给他听，要他效仿做“一流的父亲”。他觉得很有道理，但也很聪明地追问：

“那有什么方法，可以把判断力教导给小孩，让他能够判断，在哪里可以找到有很多鱼的池塘，不至于将来饿死？”

我告诉他，方法有很多种，但只告诉他一种，其他方法请他自己慢慢想。

我说：

“你的孩子已经二十多岁了，以后每当有婚丧喜庆、朋友聚餐，就都带着孩子一起去参加。餐后，在回家的路上，可以用聊天的方式，问孩子3个问题：

(1)刚才我们所在的餐桌上，其他10个客人里面，你觉得谁最值得做朋友？为什么？

(2)谁最不能当朋友？为什么？

(3)如果有人要找你合作事业，你觉得哪位可以？为什么？

父亲让孩子先表达看法，不作任何评论。

然后，等孩子充分表达完毕后，父亲再以多年的人生经验和判断力，表达自己的看法。过程中，不管父亲和孩子的看法是否一致，父亲都不做任何争辩，只做不同想法的传达。在无形之中，父亲向孩子传达了自己的判断方法。”

这种方法有以下考虑和效果：

第一，父亲能白手起家、事业有成，代表他在投资领域中，认知能力和感知能力一定有过人之处，他有自己的一套投资心法、投资要诀。在人生的路途中，他知道如何判断和选择，让自己受到的伤害最小，获利最大。

第二，孩子二十多岁，是投资学习的萌芽期，有强烈的学习欲望；但也处于叛逆期，不易接受父亲望子成龙的严厉教条式教育方式。其实，倾听孩子的心声，顺势引导是最好的教育方式。

第三，孩子二十多岁，是知识最佳吸纳期，但他可能吸收到正确观念，也可能走火入魔。如何把判断力和正确的选择教给他，至关重要。

第四，父亲用心倾听孩子的意见后，孩子再听听父亲的人生经验和判断，孩子就会开始思考其中的差距和异同。

第五，在下一次的宴会上，孩子知道父亲在用餐结束后，会问他 3 个问题。席间他就会认真观察每位客人的言行举止，并开始学会加以判断。

第六，在未来的日子里，孩子处于一连串对餐桌上新客人和旧客人的观察、思考、内化、判断、修正的过程中，不断地向着他心中的“文明人”——父亲的逻辑思维靠近。

有一天，可能是三五年以后，父亲发现每次孩子回答的 3 个问题，跟他自己所想的大致相同，那就代表父亲已在无形中，把他的人生智慧——认知能力、感知能力、观察力、判断力，以潜移默化的方式，一点一滴地交到第二代孩子的手中了，而不是只有财富的遗留而已。

做到上述几点，那就是一流的父亲(判断力的传授)!

第二节

判断力是投资的关键能力

孙膑给田忌的赛马建议，根据是什么？

我们再回过头来温习下“田忌赛马”的典故。

谋略主角孙膑，通过仔细观察发现，双方战马在能力上相差不大。田忌的上等马虽然不如齐威王的上等马，但强于齐威王的中等马；田忌的中等马虽然不如齐威王的中等马，但强于齐威王的下等马。

孙膑基于这样的仔细观察过程和验证过程建议，调整三匹马的出场顺序，用田忌的下等马对抗齐威王的上等马(田忌输)，用田忌的上等马对抗齐威王的中等马(田忌赢)，用田忌的中等马对抗齐威王的下等马(田忌赢)，就能取得后两局的胜利，按照“三局两胜”的规则来评判，田忌王者归来!

孙膑所提议的，善用自身的长处来应付对方的短处，以取得竞技的胜利，这一良策的根源，乃是孙膑对双方每匹战马的实力观察，以及对比赛三局两胜游戏规则的分析。孙膑经过仔细观察和分析了解，最后做出调整每匹马出场顺序的推断，才能让田忌取得最终胜利。

被认为具有超能力的福尔摩斯、柯南、医生，等等，他们的推断力无一不是建立在观察力之上的。

那么，观察的目的是什么?

要如何借由观察来推断?

先观察、后推断和创富投资有着怎样的关系?

简言之，观察是推断的基础，而推断是投资过程中的关键一环。

推断做对了，投资的成功概率就超过 50%;

推断做错了，投资的成功概率就低于 50%;

进而，导致投资结果的天壤之别。

事实上，对于任何一家投资机构或资产管理人员而言，他们对于客户(投资人)的重要意义不在于所提供数据的多寡，而在于能够提供对投资对象趋势的判断结果以及对判断结果的分析逻辑。因为，一般的数据和信息，客户很容易通过网络、报纸杂志、电视等渠道观察得到；而推断的理由和结论，却是要花费时间和精力才能得来的，因为这是经过长年累月才能积累起来的。

第三节

观察和推断，孰先孰后?

创富投资不能依靠预测，而是要靠投资智和慧的累积，采取“观察+推断”的方式。投资人通过观察投资环境的变化，以逻辑推理方式，针对不同时刻出现的不同现象，推断采用何种关键行动方案或应对措施，以期使投资效益达到最大化。但这些关键行动方案或应对措施，都必须植根于观察投资环境的变化。

“观察+推断”的过程，应遵循先观察后推断的顺序。投资的步骤按照“观察→描述→解读→推论→判断”的次序一步步进行，“判断”做对了，钱就跟着来了。但获利的首要步骤，便是能够观察投资环境的变化。

观察+推断，是一种科学方法，是投资者有能力学会的方法，是人类智慧所能企及的。

有医学知识的人，可以根据医学知识为病人诊断疾病；学过机械知识的人，可以根据机械知识对机器进行检修。在医学、工程等学科领域，多读书、多背诵可以让学生把专业知识学得更透彻，把专业本领掌握得更牢固，但是创富投资学领域呢?

创富投资学科是否读得好，与投资是否成功并没有什么关联。仅仅靠多读书、多背诵，没有办法提高投资的成功概率。投资成功的关键在于，投资者能够运用“观察+推断”的逻辑方式对投资对象进行分析。

美国身价亿万美元的拾荒老人是如何诞生的?

据说多年以前，在美国有一位拾荒老人，因病过世。没有任何亲人出面帮她处理后事，只好由美国社会服务机构人员来办理。

服务人员在处理后事的过程中，无意间在老人的床铺底下，发现许多可口可乐的股票。把历年来可分配的股票股利和股息领回，结果一算，美国社会服务机构人员惊讶地发现，这些股票竟然价值约 1 亿美元，这位拾荒老人也算得是一位有钱人。

她为什么会拥有那么多可口可乐的股票呢?

于是，机构人员将该案例立案研究，结果发现:

这位老人孤苦无依，每天过着捡垃圾的日子。

有天心血来潮，想把她辛辛苦苦、捡垃圾赚来的钱去买股票存着。但她左思右想，不知哪只股票适合买进长期持有?后来想到，在她每天捡垃圾的日子中，她捡到最多的就是可口可乐的瓶子(观察)。于是就把捡到的可口可乐瓶子卖掉，得来的钱用于购买可口可乐的股票(推断)。在后来 20 年的日子里，她发现捡到的可口可乐瓶子的数量没有减少(再观察)，于是，老人不改变投资决策，都做一样的行为——只要卖垃圾积累到一些小钱，就拿去买可口可乐股票(再推断)。谁知，可口可乐的市值竟然快速成长千倍，使得这位拾荒老人变成了大富婆，只可惜她到死，也不清楚此事。

这位拾荒老人虽然没有读过任何金融知识，但却可以通过“观察+推断”的方式成为一名成功的创富投资者。

以上例子说明，一位赚大钱的投资人，拥有正确的投资逻辑和持之以恒的等待耐性，比聪明和金融知识还来得重要。因为前者才是创富投资所必需的认知能力和投资心态。

第四节
创富投资要审时度势、趁势待时

审时，就是观察的行为；

度势，就是推断的行为。

趁势，属于再推断的行为；

待时，属于再观察的行为。

例如，在房地产投资领域，很多开发商的老板们常说，决定房地产价值的三个最重要的因素是：

地段、地段，还是地段。

因为，这样的说法才能显现这些老板在投资决策中的贡献度，即选地的贡献度。

但事实证明：

时机、时机，还是时机，更为贴切。

在很多产业的领域中，天时这个因素的影响权重是占据半边天的，有了对的时机，才能进一步谈论地段(地利)和产品(人和)。时机不对，即使选到再好的地段或是做出更棒的产品，房价还是会下跌，只是下跌的幅度比差的地段或设计不好的产品小一些而已。

天时决定了胜败；接着，地利及人和则决定胜多少或败多少。

魔鬼藏在细节里，格局可以见天使。

有了对的格局(天时)，方方面面的细节(地利与人和)才会显得更有意义。“人定胜天”是一件很难的事，倒不如“趁势而为”，方为良策。

投资股票如何趁势待时，拿捏时间差？

再以分析股市走势的四方面为例，按其重要性依次为基本面、资金面、市场面、技术面。

从理论上讲，大盘或个股的走势与“四方面”是正相关的，也就是说，“四方面”发展向好的时候，股市的发展也应该向好；反之亦然。这个理论的基础是，基本面呈现良好的成长性时，资金就会追逐，市场参与者进而表现活跃，技术面线图显现完美；反之亦然。

然而现实的股市走势，并不像理论上描述的那样简单。由于信息不对称，股市可能在某些阶段呈现出与“四方面”背离的状态。所谓的信息不对称，指的是“某一面”出现正向或负向的表现时，股价并没有随之做出反应，甚至是从相反的方向反应，因为这一面的变化时间和股价的变化时间有落差(发生时间差)，不是同时发生的。这种情况很容易导致投资者的误解和误判。

例如，基本面表现正向，GDP 持续上升时，股价可能位于下降通道。可能的原因是，GDP 的持续上升，吸引企业把更多的资金拿去盖工厂、增进产能，投资股市的资金被分流(资金面转弱)，反而造成二级市场股价的下跌。

资金面表现正向，资金量足够多时，股价未必立即上涨。因为，资金充足并非是股价上涨的充分条件，还要搭配“股价跌得足够深”等条件，才能推动股价上涨。

市场面表现正向，政府频频出台促进股市发展的政策，股价未必马上有正向反应。因为，必须等待这些利多政策的实现和积累爆发能量。

技术面表现正向，周线已经金叉，但股价并未上涨。因为，投资者所看到的金叉，是已发生的，但用“过去”推测“未来”未必能得到准确的答案，金叉之后 K 线也可能马上反转下行。

难道分析股市“四方面”对投资判断而言，没有其存在的合理性吗?

事实上，我们对股市“四方面”的观察和判断，其重点在于，依靠观察力抓住“面”和“价”的时间差，观察股价变动时会发生的现象，从而判断股价变动的时点。我们无法预测经济何时会好转，货币何时会增加，政府何时放利多、MACD 何时变金叉。正所谓：

投资股票要趁势(依附大势)待时(等待转折点)。投资人对股票投资时间差的拿捏，是要依靠观察和等待的。

第五节

创富投资是为了证明自己的判断力

如果投资的出发点，一开始就是想马上赚钱，一般都是以赔钱告终的；创富投资其实是为了证明自己的判断力，判断对了，钱就自动进入自己的口袋！

智者盛惠嘉说过：“只要糖做得够甜，蚂蚁会自动爬上来。”

一位真正的创富投资专家，其投资行为必须是：“投资不是为了赚钱（财富），而是为了证明自己的判断（智慧）。”

如果投资的初衷就是为了马上赚钱，通常都以赔钱告终。而只要投资人的投资判断做对了，钱就会自动跑进来，糖做得够甜，蚂蚁会自动爬上来。

正如科斯托兰尼曾总结过的：“许多股市玩家不太用脑袋思考，也很少在意股市重大事件所代表的真正含义。他们只想以买卖操作来踏出有利的一步，并在赌局中生存下来。”

这些投资界的玩家追求的是投资表象——金钱，他们的投资游标——买进或卖出价位的游标会跟着市场价格随时变动。因为，他们一心想着要快速赚到钱，结果却常常在冲动之后接受失败的苦果。虽然屡次投资失败，但是这些投资人永远相信下一次投资会成功。在下一次遇到类似的行情走势时，他们又认为规律会与之前的不同。而事实是，下一次的走势依旧延续之前的规律，这些投资人又失败了。他们的投资过程难以积累投资经验，投资决策的质量难以改进。

在创富投资的过程中，一般人的投资先后顺序通常有两道：先行而后知是一道，先行动而后产生认知；先知而后行是另一道，先有认知而后再行动。

也就是说，有些投资玩家先根据市场价格的变动而冲动地买进或卖出，然后知道这是错误的投资方式；而另一些投资玩家先是自信地认为这一次的投资规律不同于之前的规律，然后又一次跟着市场价格调整自己的买卖价格游标。无论“先行而后知”还是“先知而后行”，这类投资人一次又一次地错过了投资收益。

这是什么原因？是因为在“知”（认知）和“行”（行动）两道之间，还缺少一个“算”字。创富投资要想成功，除了“先行而后知”，或者“先知而后行”两种先后顺序外，还得在做出投资决策前，通过“算”这个字想清楚可能的投资结果，提前做好充分准备，以便随时应对投资过程出现的各种状况。

如果投资人的投资动机是为了证明自己的判断力，所得到的结果就会完全不同，因为他们经历了“算”的过程。当投资人追求投资的本质时，投资游标不易被改变，为了获取投资对象运行的才智，而不断积累。投资人把投资当作一个摸石头过河的过程、一个不断学习的机会，在这个过程中时时观察发现投资对象运行的轨迹，积累投资经验，让投资决策的质量一点一滴地改进，让投资成功的可能性一步一步地提高，也让自己距离投资“文明人”的目标稳步靠近。

做投资前，我们应先列出影响投资决策的因素，再对每个因素进行查证，认真调研、考证和深思。若查证属实，就会在心中定下一个投资价位（趁势），只要投资价位到了（待时），上面所列因子出现或符合了，就进场投资。另外，在投资的同时，我们也要列出“继续持有”和“出场卖出”的因素，只要这些因素出现或符合，就维持持有或者义无反顾地卖出。

这样的创富投资行为模式，是在证明投资人的推断是否正确。只要推断正确，钱就跟着来。若发现有些推断因素不正确，投资人就在下次投资决策时加以改进，积累投资经验和投资智慧。如此的行为模式，才是科学的行为模式，所形成的经验积累，才能让我们成为真正的创富投资专家。

诸葛亮如何做到“出战前想好了，仗就打完了”？

正如诸葛亮每次出战前，必思考“天时、地利、人和”各项作战条件。他认为：“想好了，仗就打完了。”后来实际发生战争时的过程和结果，只是在验证诸葛亮之前的想法和判断。

以赤壁之战为例。初战日，孙权部下周瑜率领军队与刘备军队在樊口会合后，逆江水而上至赤壁，与正在渡江的曹操军队相遇。曹军当时已遭遇瘟疫，且曹军新编水军和荆州水军难以磨合，士气明显不足，因此初战被周瑜水军打败。于是，曹操将水军引次江北，与陆军会合，把战船停靠到长江北岸乌林一侧，操练水军，等待良机。周瑜则把战船停靠在长江南岸赤壁一侧，隔长江与曹军对峙。因为北方士兵不习惯坐船，于是曹操将舰船首尾连接，让人马在船上如履平地。这种做法，是导致战争日曹操战船在火烧之后被迅速毁灭的原因之一。

战争日，周瑜部将黄盖准备10艘轻利之舰，满载薪草膏油，外用赤幔伪装，上插旌旗龙幡渡江。当时东南风急，10艘船在江中顺风而前，黄盖手举火把，众兵齐声大叫："降焉!"曹军毫无戒备，皆以为黄盖投降。离曹军二里许，黄盖命令点燃柴草，同时发火，火烈风猛，船行如箭，烧尽曹军船只，并蔓延至其岸上军营。顷刻间，曹军大量人马被烧死或溺死。接着，对岸的孙刘联军横渡长江，趁乱大败曹军。曹操见败局无法挽回，当即自焚剩下的战船。

战船被烧后，曹操率军从华容道步行而归。华容道上一片泥泞，无法通行，加上又刮大风，行走更加艰难。曹操命令羸弱之兵割草垫路，大军才得以通过，而羸弱之兵被人马践踏，深陷泥中，死亡无数。幸亏把守华容道的关羽念旧日恩情，义释曹操，使曹操得以回到江陵。

作战前，诸葛亮已想清楚"天时、地利、人和"各项作战条件。

借东风、助火攻，此乃天时。

在洞庭湖一带，因为地形风的原因，当天气放晴时，可能会逆吹东南风。诸葛亮凭借这一自然气候，夺取天时。

依附长江之险，水上作战，此乃地利。

曹操军队为北方军队，为占领新领地，率兵南下。北方之师舍弃鞍马、不善水战，因此，诸葛亮凭借长江这一地理条件，夺取地利。

事先了解士兵本性、将领想法，此乃人和。

孙刘联军为南方之师，士兵在长江水边长大，擅长水战。诸葛亮算定曹操会败走华容道。三国未定，曹操命不该绝。考虑到曹操与关羽有恩，于是派关羽把守华容道，留个人情给关羽。凭借了解人性，夺取人和。

作战前，诸葛亮把"天时、地利、人和"的各项"逻辑、思想、价值观"想清楚、想明白，之后便退居幕后，让周瑜、刘备等上前线作战。战争进行的过程中，诸葛亮只是在观察和验证战前的想法是否正确，也就是验证其感知能力是否建立在正确的认知能力基础之上。

第六节

为了赚钱的投资与为了证明判断力的投资

为了赚钱的投资人，有哪些特点？他们的做法是怎样的？

如果投资一开始的动机就是为了马上赚钱，通常都以赔钱告终，这种投资人通常具备3个特点：

其一，投资的游标始终在变动，追求投资的表象(金钱)。

其二，投资的过程难以积累投资经验，投资决策的质量难以改进。这种投资人就是到了五六十岁时，其所做的投资决策质量和当初二三十岁时所做的投资决策质量无显著差异，因为其认知能力没有改变，谈何感知能力的增进。

其三，做投资决策时，通常先想到结果(自己想看到的部分)，再由结果去寻找原因，由果追因。

犹如少数地理风水师，在某企业家飞黄腾达时，一味地赞扬其祖坟或住所所处的方位、格局及摆设，样样都是好风水，每件事都做对了；一旦企业家遇到困境潦倒，便评论任何方面的风水都不佳，每件事都做错了。

这种方式，都是以结果论，有了结果再去寻找原因来解释结果，属于本末倒置的做法。

为了赚钱的投资人，会随时移动游标。

当他看到股价从10元跌到5元，再爬升到10元时，他的游标会锁定在5元，想要跌破5元以后再进场买进。因此当股价继续上涨，从15、20、25……一直到50元时，他感觉离他的游标价位5元太远了，觉得股价太高了，并且越来越高，因此一路都不会买进。直到有一天，看到股价从50元跌到40元时，他就把游标移到了50元，这时就觉得40元很便宜，因为可以赚到50元和40元之间的差价——10元，赚到快钱，因此赶快地抢进。结果 10 元、15 元不买，而买在 40 元。如图 6-1 所示。

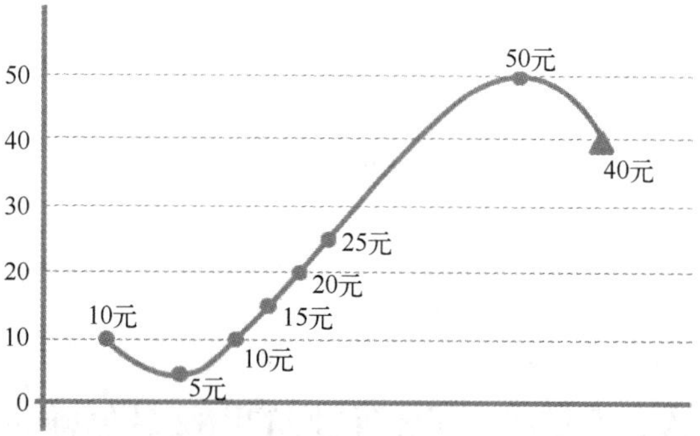

图 6-1　随时移动的游标

现实中有很多活生生的例子。

例如，黄金从每盎司 300 美元开始起涨，一直涨到快 2000 美元，许多中国大妈一路看它涨，但没买进，因为她们的游标一直停留在 300 美元。而当黄金从 2000 美元跌到 1500 美元时，她们的游标马上移动到 2000 美元，觉得 1500 美元很便宜了，因为可以赚到 2000 美元和 1500 美元之间的差价——500 美元，赚到快钱，因此就疯狂买进。这时，她们早已忘了 300 美元的价位，因为她们心理的买进价位游标是会随着不同情境而移动的。

我们的身边不就有很多这样的投资人吗？他们常常出现在股票、房地产、外汇、期货、贵金属等投资场合，这些玩家追求的是投资表象——金钱，他们的投资游标——买进或卖出价位的游标会跟着市场价格随时变动。因为他们一心想着要赚快钱，结果却常常在冲动之后接受失败的苦果。虽然屡次投资失败，但是这些投资人永远相信下一次投资会成功。在下一次遇到类似的行情走势时，他们又认为规律会与之前的不同。而事实是，下一次的走势依旧延续之前的规律，这些投资人又失败了。在他们的投资过程中难以积累投资经验（智），投资决策（慧）的质量难以改进。

为了证明判断力的投资人有哪些特点？他们的做法是怎样的？

为了证明判断力的投资人，会写下影响投资决策的因素并查证，这正是积累并提升认知能力的必修课。

例如，2004年时，他们会在投资上海房地产之前做调研，并列出影响房地产价格的因子：

(1)中国的GDP已连续10年呈现两位数增长，相对于美国一位数的增长率，已累积大量的人民币升值空间。

(2)上海住宅的租金报酬率高达12%，那代表若不是住宅租金过高，就是住宅售价偏低。

(3)中国经济的快速成长，已累积了一批庞大的购屋需求。

(4)上海大多数居民住在老房子里，房屋质量不佳，对换房有强烈的需求。

(5)上海市政府规划进行大规模旧城改造，将有大批房源被动拆迁。

……

做投资前，先列出影响投资决策的因素，再对每个因素进行查证，认真调研、考证和深思。若查证属实(有识)，就在心中定下一个投资价位(趁势)，只要投资价位到了(待时)，上面所列因子出现或符合了，就进场投资(有胆)。另外，在投资的同时，也列出“继续持有”和“出场卖出”的因素，只要这些因素出现或符合，就维持持有或者义无反顾地卖出。

这种投资行为模式，是在证明其判断是否正确。只要判断正确，钱就跟着来(自动赚钱)。若发现有些判断因素不正确，就在下次的投资决策时加以改进，积累投资经验(智慧)。经由如此科学的行为模式而形成的经验积累，能让我们成为投资界文明人。

事实上，为了证明判断力的创富投资人，他的决策做完了，仗就打完了，后面的战役只是用以验证当时决策时的判断。

“花若盛开，蝴蝶自来；
你若精彩，天自安排。”

——余光中

我们用武汉归元禅寺《禅机妙语》中的“花开蝴蝶自然来”作为本章节的结束。

我们生命的一切所愿，其实不应该用“追求”，而应用“吸引”。佛说：“有求皆苦，无求乃乐。”

曾经，有一人为了得到美丽的蝴蝶，
便买来一双跑鞋，一张网子。

穿上了运动鞋，追逐了半天，
终于在气喘吁吁、满头大汗中抓到几只。
可是蝴蝶在网子里恐惧挣扎，
丝毫没有美丽可言，
一有机会，蝴蝶就会飞走。
这就叫追求。
另有一人，也很喜欢蝴蝶，
他买来几盆鲜花放在窗台，
然后静静地坐在沙发上品着香茗，
望着蝴蝶翩翩而来。
心情犹如吸蜜的蝴蝶，
这就叫作吸引。

第七章　独立思考的智慧

——何谓独立思考的智慧?

对创富投资人而言，为何独立思考的智慧很重要?

断事不在消息源头，而在自我评判。

前文所述，预测是分析投资对象走势的一种方法，但并不靠谱；分析投资对象走势的另一种确实可行的重要方法是——观察+推断。

预测往往靠的是猜测能力，但对投资对象的观察和推断是一种科学行为，我们除了运用逻辑推理能力得到自己的投资谋略外，还必须具备独立思考和逆向思考的胆识(逆向思考将在下一章节中讨论)。也就是说，在这个过程中，创富投资人的投资谋略必须建立在独立思考的见识(智慧)和逆向思考的胆量之上。要以独立思考能力强化自我见识，再以自我见识增大逆向思考投资的胆量。

当投资人认为，赚钱的回报取决于个人见识时，他们会逐渐转向选择承担高风险；如果投资人认为赚赔由机会决定时，他们会做出更保守的选择。

有识才有胆，所以，创富投资必须具备胆识，但先要有识，才能有胆，先掌握客观世界具有规律性的见识，才能让主观思维的推论更具胆量性和果断性，先累积自我见识，才敢逆向大胆投资，大幅获利。这和“艺高人胆大”讲的是一个意思，艺人先练就高超技艺，而后行走于江湖，便能行事大胆，有着无往不胜的底气。

堪称创富投资者，要胸怀赚钱大志，腹有逻辑推理良谋，有包藏逆向思维之胆，吞吐独立思考之识者也。

第一节

独立思考：后验信息=先验信息+新信息

我常听到，也认同，很多投资大师或投资理论所说的，创富投资要具备独立思考的能力。

但我一直思索着，那到底何谓独立思考能力？

独立思考的能力，可以在日常生活中养成吗？

独立思考的能力，对创富投资到底有哪些帮助？

我认为，对于独立思考的行为模式而言："断事不在消息源头，而在自我评判。"

对于以上这句话，我想用统计学中的一个公式（贝叶斯法则）来加以说明。

独立思考：后验信息=先验信息+新信息

先验信息，指的是投资人之前已经掌握或具备的投资决策信息。先验信息主要来源于个人的投资经验、人生阅历、日常所见、历史资料、人格特质等。

新信息，指的是在投资人已具有的先验信息之下，通过观察现象所发现的新信息，所取得的新的资料。新信息将对投资人已具备的先验信息进行调整、修正、补充，以获得新的后验信息。

后验信息，指的是根据投资人以前累积的经验、知识、条件、背景等既定的情况下（先验信息）；再加上此次新得到的或新整理的信息（新信息），彼此加以整合，用于进行此次股市投资决策的依据。此次的后验信息，也将成为投资人下次再做决策时的先验信息。

投资人对于投资对象的判断，将会来自新的后验信息，即在先验信息的基础上，加上观察得来的新信息。根据个人新形成的后验信息，依次对投资目标做出判断。这就是一个先观察新现象、后推断投资决策的过程，是从智到慧的过渡，也是从认知到感知的升华。

若投资人自身的后验信息只是来源于别人(神迹或所谓的投资专家)的后验信息，而不是经由自身具备的先验信息+新信息形成而得。则我定义为，这是没有独立思考能力的投资人。

若投资人自身的后验信息来自本身已具备的先验信息，再加上亲自新接收的信息(观察而得)，形成其自身投资判断的依据。则我定义为，这是具有独立思考能力的创富投资人。

许多投资人看过或听过巴菲特、李嘉诚等投资专家的分析方法和投资判断，但为何大部分投资人还是无法做到巴菲特、李嘉诚的投资绩效?

殊不知，一般投资人以及其所拥有的先验信息(包含人生阅历、心理状态等)在各个不同的时段都是不相同(不同的先验信息)的。因此，即使这些投资人可以像巴菲特、李嘉诚等投资大师一样，得到相同的新信息、相同的投资方法，但和大师们的不同是:

得到不同的后验信息，

形成不同的判断依据，

进行不同的投资行为，

导致不同的获利结果。

当投资人聆听了很多投资大师的演讲，看了大师撰写的书籍，听取了各种投资论述，投资人只能把从各个途径取得的资料当成搜集到的新信息之一，并不能把这些投资专家的结论(后验信息)当成自身创富投资的依据。若投资人只依据别人的后验信息，就作为自身投资判断的基础，他们的投资行为，就常常表现为“听别人报名牌”“求神明指点投资方向”“遇到偶发事件就跟股市投资联想到一起”，等等。这样的投资人就不具备创富投资的独立思考能力。

所以，投资人必须有独立思考的能力，也就是要靠自己目前所累积的先验信息，加上最近本身所搜集的新信息(先观察)，形成自己独特的后验信息，作为自身创富投资判断的依据(后推断)。

我建议投资人采用这样的日常学习方法。

属于自己的解答=新信息(发问→答案)+先验信息(本身的立论基础)。

投资人对创富投资发展的现有事物，必须不停地发问“为什么”“为什么”“为什么”(重要事情要问三遍)，直到得出自己想要的答案(新信息)。然后，再把得到的答案和本身的立论基础(先验信息)一个个地相互连接起来，最后得到真正属于自己的解答(后验信息)。这种训练方式可以让投资人在潜意识里养成一种习惯，把接收的答案(新信息)和已经被证明的基础概念(先验信息)连接起来。渐渐地，投资人就可以累积形成一些有关创富投资的观察、推断智慧。久而久之，就能像巴菲特一样，看到一家所了解的企业(新信息)时，凭借数年来的分析经验(先验信息)，发挥潜意识中的认知能力作用，自动生成一幅图像，展现出这家企业未来的模样(后验信息)，然后比对未来的图像和现在的图像，最终将比对结论形成下意识的投资判断。

投资人唯有借由大量的日常知识阅读(广度)和立论基础的深入联想(深度)，彼此在潜意识中产生协同效应，才可能在关键时刻形成下意识的判断，成为真正赚钱的创富投资人。

我认为，上述取得自身后验信息作为创富投资判断依据的训练方法，有下列几个好处。

其一，后验信息是依据自己的先验信息(包含人生阅历、投资经验等，每个人不尽相同)和自身搜集的新信息所形成的。基本上，我认为这样的投资人具备了独立思考的能力。

其二，这种后验信息的取得方式是个人化的，可以经由自身训练和积累得来，不需要听名牌，不需要人云亦云。经年累月经过“智”的积累，投资人可以大大增进自身独立思考、独立判断、准确投资的“慧”能力。

其三，这种能力的培养，可以让自己较清楚地得知，此次投资决策中，哪些判断做对了，哪些判断做错了。这些经验和检讨可以再当成下次自身投资判断的先验信息。

其四，投资除了要有智慧性的谋略(先观察、后推断)，有时也要靠胆识，但先要有“识”才能有“胆”，有了见识才敢大胆地投资。通过独立思考自行得到的后验信息，会让投资人变得更有胆识，更敢投资，更知道为何买、为何卖。若一味地听从别人的建议(别人的后验信息和评判)，那就不容易长见识，不利于具备投资的胆识。赚钱时不敢久放，赔钱时又不知为何而赔。

第二节

具有独立思考能力的大商人

林尚沃如何透过自身的独立思考，将很难卖出的铜碗顺利销售出去?

韩国崔仁浩的《商道》所描述的韩国大商人林尚沃人生，或许能给我们带来更多的启发。

古时候，韩国有位大商人叫林尚沃，年轻时家境贫寒，外出打工帮铜器商社卖铜碗，当时正值朝鲜战乱经济萧条，铜碗相对于瓷碗，是高级品，很难卖出。

一次他到了一个城镇，一个药商想买，但杀价很低，没有成交(先验信息)。随后，林尚沃路过一个小村庄，在小溪边喝了几口溪水，不久便闹肚子。后来，他得知因为溪水不干净，小村庄的村民也常因为喝了溪水闹肚子(新信息)。

于是，林尚沃回头找到当初想杀价，想买铜碗的药商，配药治好肚子痛。随后，他灵机一动，马上向药商提出，愿用所有铜碗，换取他的多包配药(后验信息=先验信息+新信息)。由于这些药的成本，比当初药商想买铜碗时杀价的价格还要低，药商爽快允诺。

林尚沃就把治肚子痛的药包拿到溪水不干净的小村庄去卖，卖得的收入，居然比卖那些铜碗还多出许多。

原先，铜碗→钱，这条路走不通。

现在，铜碗→药包→钱，居然走通了!

前后两种方式造成的不同结果，原因在于：

前一种方案下，一般商人做生意的行为模式是，直接取用别人的后验信息，即：

在经济萧条的朝鲜，铜碗是高级品，很难卖出。一般的股市投资人都具备这种思绪，最后成为失败者。

而后一种方案下，商人林尚沃取用的是自己的后验信息，即：

林尚沃通过观察发现了新信息——村民因溪水不干净，经常喝溪水闹肚子；加上林尚沃自己之前存在脑中的先验信息——有个药商想买铜碗，但杀价很低，没有成交；林尚沃把先前拥有的先验信息和新信息，加以贝叶斯法则的运用，得到自己的后验信息——找到想买铜碗的药商，用铜碗交换多包治疗肚子痛的药，再将药卖给村民。

林尚沃获取自己后验信息的做法，就是独立思考的模式，经由独立思考的结果作出自我评判，不听从别人的后验信息（经济萧条，铜碗是高级品，很难卖出）。于是，换条路径，就走通了。

事实上，有很多人都知道这样的信息——村民因溪水不干净，经常喝溪水闹肚子。但是，他们把别人的后验信息——在经济萧条的朝鲜，铜碗是高级品，很难卖出，作为自己的后验信息，理所当然地以为，铜碗就是卖不出去，结果就真的卖不出去。就如过去几千年来，大家把苹果从苹果树掉下来，当作理所当然的事，直到牛顿发现了地心引力。把别人的后验信息当作自己的后验信息，就是没有经过独立思考的做法，只在乎消息源头，而不做自我评判。

林尚沃后来又来到宁地一带做生意，得知铜碗在当地滞销的原因是，当地物产不丰富，工商业也不发达，不可能花钱购买昂贵的铜碗用来吃饭（第一个新信息）。

但他观察发现，当地盛产棉花，连棉被用的都是新棉，更没有人用旧棉做衣服，旧棉堆积如山（第二个新信息）。

林尚沃想起，曾经在平壤看到过，旧棉织布做成的衣服，要比新棉做的衣服更结实。因此，在平壤，旧棉的价格比新棉还要高（先验信息）。

于是，林尚沃告知宁地一带的村民，愿意用带来的铜碗换取各家的旧棉。不用花钱的东西，大家都抢着要。结果，每次旧棉换铜碗时都大排长队，个个等着要用家中弃置的旧棉，换取林尚沃带来的铜碗。

取得旧棉后，林尚沃用渡船把旧棉载去平壤（事先已存在脑中的先验信息），以高于新棉的价格把旧棉卖出（后验信息 = 先验信息 + 新信息）。不仅取得比卖铜碗更高的利润，同时让宁地一带的村民慢慢接受铜碗，并且这个行为模式可以持久地进行。

原先，铜碗→钱，这条路走不通。

现在，铜碗→宁地一带的低价旧棉→平壤一带的高价旧棉→钱，居然走通了！

林尚沃能再次把铜碗卖出的原因在于：

林尚沃通过观察发现了第一个新信息——当地物产不丰富，工商业不发达，没有能力购买昂贵的铜碗用来吃饭。

林尚沃通过观察发现了第二个新信息——当地盛产棉花，新棉很便宜，旧棉更是堆积如山。

加上林尚沃通过先前已存在脑中的先验信息——平壤的旧棉价格比新棉高，因为旧棉做的衣服更结实。

林尚沃最后得到自己的第一个后验信息——可以用昂贵的铜碗换取宁地一带村民废弃的旧棉；

得到第二个后验信息——再将旧棉运到平壤一带，以高于新棉的价格卖掉。

这一次，林尚沃透过自身的独立思考，观察发现到两个新信息，再经本身的先验信息，得出两个后验信息，做出自我评判，换条路径，再走通它。

前面的第一种做法，把铜碗换成药包，再换成金钱，这个方式只能做一次。因为药商不太可能再换铜碗，使用铜碗的人也只有药商一家人。

后面的第二种做法，把铜碗换成旧棉，再到旧棉比新棉价格高的地方出售，这种方式可以一直重复做，做很多次，让许多村民都有机会使用铜碗，并且养成一种吃饭使用铜碗的日常习惯。

第二种做法相比第一种做法，让铜碗的使用更加具有普遍性和长久性，先后两次先验信息叠加新信息，得到更高效率的后验信息，做出更好的自我评判。只要脑筋(才慧)多转几个弯，获利(财富)前景无限宽。

具有独立思考能力的创富投资人，其后验信息来自本身的先验信息加上其所收集的新信息，如此才能拥有自己的见识，而不是依赖于别人的看法、别人的后验信息。投资人有自己的见识(认知能力)，内化成自己的后验信息以后，再重新变为自己新的先验信息，并把它存在潜意识之中。遇到了有用的新信息，才能增强逆向思维的胆量，并借由下意识启动异于常人的感知能力，敢在别人不敢投资的时刻，大胆进场买入；在大多投资人进场时，从容离场。

第八章　逆向思考的智慧

庸人安于世故，学者溺于所习。

80%的人正向思考，20%的人逆向思维，为何创富投资赚钱的是20%的人？

平庸的人沉浸于世俗而执迷旧理，书生学者拘泥于旧闻而不易接受新思绪。

我对投资的观察结果与商鞅的说法一致，即一般人习惯用以前的思维和方法来行事。例如，千年以来，苹果从树上掉下来，人们把它认作是天经地义、理所当然的事情，从不思索苹果是否也会由下往上飞上天空。可是，这种理所当然的正向思维用于投资不易获利，因为投资界推崇2/8定律，即“20%的人赚钱，80%的人赔钱”。也就是，你若想靠投资致富，首先要能够——破执。

当众人都朝一个固定的思考方向思索投资问题时，而你却独自朝相反的方向思考，这样的思考方式称为逆向思维。

借用投资大师罗杰斯(Rogers)的话来说：

“如果你想变富有，我认为，富人最大的一项资产就是他们的思考方式与别人不同。当别人都去买时，你就不要买了，而应该在行情比较低迷，别人都不重视的时候去买入。”

第一节

何谓2/8定律

逆向思维的智慧是一种对常理反过来思考的方式，敢于反其道而思之，从问题的相反面进行深入探索。

创富投资行为，正如：

“一片黄树林里分出两条路，而我选择了人迹更少的一条，从此决定了我一生的道路。”

——弗罗斯特

又如：“当投资人都不想要，想抛弃了，那我就捡过来；当投资人都抢着要，那我就丢给他们。”

这就是中国古代“首富”陶朱公所提的“人弃我取，人取我予”。

以上有关投资行为的说法，都是在说逆向思维的道理。

李嘉诚说过：

“一件衣服被我穿上了，80%的人都说好看，那我一定会买！一个生意机会被我遇上了，80%的人都说可以做，那我绝对不会去做！我深信世界上的2/8定律，为什么世界上80%是穷人，20%是富人？因为20%的人做了别人看不懂的事，坚持了80%的人不会坚持的正确选择！成功只属于有远见、敢挑战、懂得坚持的人！”

评判衣服是否好看，是以时尚作为讨论标准的；而是否时尚，在于是否跟随潮流，是否符合大多数(80%)人认可的。

但是，评判生意是否可做，跟买衣服的判断是完全相反的，绝不可随潮流、跟时尚，绝对不可以相信群众。当大部分人觉得可以投资时，创富投资人千万不要跟随。占比仅20%的创富投资人，遵循的是“人弃我取，人取我予”的大智慧原则，用逆向思维的智来看清、观察投资对象，用逆向思维的慧来体悟、推断是否可以投资。

第二节
寻找不合理

投资有时是通过对常识的观察和认知来做分析和判断的。从逆向思维的角度，寻找常识中的不合理现象，或许就能判断投资进出的时机。

日本股市、楼市崩盘前，出现了哪些不合理现象？

1989 年 12 月，日经指数冲到了 38915 点的历史高位，日本的房地产价格更是高到令人咋舌。此时，东京都的地价超过了全美国地价的总和，而卖掉整个加州，甚至只能买下日本皇宫附近这块小小的土地。

这种不合理就是最后的疯狂。

果然，到了 1990 年，日本股市暴跌，楼市也开始走低，一些公司倒闭了，一些人破产了。

20 世纪 90 年代海南房地产大起后、大落前出现了哪些不合理现象？

20 世纪 90 年代海南的房地产市场的火爆程度毫不亚于现在。从 1991 年到 1993 年短短两年多的时间，海口的地价从每亩十几万飙升到几百万。房价由每平方米 1000 多元飙升到 7000 多元。那些年，一个普通职工的月收入在 100 ~300 元之间，当时海南的房价 1 平方米面积要花去一个工人约 20 个月的工资。

这样的现象合理吗？

当时，中国的制造业处于起步阶段，由于投资房地产的收益远大于投资制造业，企业资金都流入房地产行业，眼看就要摧毁萌芽中的中国制造业。1993 年起，时任国务院副总理的朱镕基发表了对房地产泡沫的看法，随后终止房地产企业的上市，并严控银行资金流入房地产市场，等等。瞬间，海南的房地产泡沫破灭了，留了一岛的烂尾楼和大量闲置土地。直到2006 年，这些闲置的土地才渐渐被市场消化。

2015 年上半年，中国股市猛涨，到达顶点前出现了哪些不合理现象？

2015 年上半年，中国股市节节攀高，随着股市的一片红火，掀起全民炒股热潮。即使从来没有炒股经历的人，也抵不住诱惑闻风而动。在校大学生因在股市中赚到钱而自认为“炒股专家”，高尔夫球场的服务生在问打球者可以买哪只股票，地铁上关于“还能涨多久，还能赚多少”的讨论不绝于耳。

这就是不合理的现象。

2015 年 6 月 12 日，是让多数股民今生难忘的日子，股市开始一泻千里，让所有的雀跃和幻想都成了泡影。

用简单的常识就可以观察出股市的不合理现象，通过观察的结果来给出投资判断，这也是从逆向的角度帮助投资人做出正确的投资决策。

第三节

陶朱公如何做到“三聚家财、三散家财”

陶朱公(范蠡的自号)，春秋楚国宛(现河南南阳)人，是中国儒商的鼻祖、商圣。陶朱公虽出身贫贱，但博学多才，他一生主要居住过三个地方，有过三个身份，并在商人这一身份上，三次成为巨富，三次散尽家财。陶朱公三聚三散家财的实力，靠的不是运气，而是依靠观察、推断的智慧(逆向思维、独立思考)。

一聚家财，一散家财。陶朱公因不满当时楚国的政治环境而投奔越国，辅佐越王勾践振兴越国、消灭吴国。功成名就后，陶朱公急流勇退，弃官从商，到齐国改姓换名，亲自率领儿子们在海边耕作。由于经营有方，没多久，就积累起庞大的家业。此后，陶朱公仗义疏财，第一次散尽家财，分给亲友相邻。

二聚家财，二散家财。陶朱公的贤明能干受到齐威王赏识，齐威王把他请进齐国，让其主持政务。过了三年，陶朱公感叹，常在官位恐怕不是吉祥的征兆，果断结束从政生涯，第二次散尽家财。

三聚家财，三散家财。此后，陶朱公迁徙至陶(现山东定陶西北)，在这个地理位置绝佳的“天下之中”，往来贸易非常发达，陶朱公便做起买卖，“人弃我取、人取我予”，“顺其自然、待机而动”。没有几年，又置下了千金的产业，于是自号陶朱公。

对于陶朱公“三聚家财、三散家财”的壮举，世人甚为赞许称道，尊为财神，赞誉他“经商致富，成名天下”。

《史记》的《货殖列传》概括了他的一生：

“与时逐而不责于人。”意思是说，经商重在观察和研究经济规律，把握稍纵即逝的商机，这是认知能力(智)和感知能力(慧)的极致表现，并且不在商业中背离信用坑害人。

那么，陶朱公的经商之道到底是什么呢?

简言之，逆向思维是陶朱公成功经商的最重要源泉。陶朱公的经商论点主要有以下几项：

第一，突破当时重农轻商的普遍想法，提出农商俱利的论点。

“农商俱利”说的是，谷物价格太低则损害农民利益，农田就会荒废；谷物价格太高则损害工商业者利益，造成经济困难。把谷物价格限制在一定的幅度内，会对农业和工商业都有利。

在中国古代，社会以农业生产为主，社会普遍重农轻商。陶朱公提出的农商俱利理论，突破当时普遍的思维逻辑。他居陶期间，身体力行这一理论，采取“以末(工商)致财，以本(农业)守之”的经营策略。

第二，推崇“人弃我取、人取我予”的经商宗旨。

陶朱公商业经营的最主要目标是人取我予，即满足人们生活与生产的需求。他善于细心观察，根据时令、季节等变化特征，把握时机，多方面、多层次地提供市场最需要的商品。

陶朱公主张，夏天要做皮草生意，冬天要做布匹生意，发生水灾时做车的生意，而旱灾时要做船的生意。因为冬天人们要买皮草，夏天要买布匹，水灾来临时要用船，水灾过后人就会用到车。这种超前于市场的生意，因无人竞争而成本低，当机遇来临时会因商品稀缺创造出高收益。

第三，遵照“贱买贵卖、薄利多销”的买卖原则。

陶朱公说过，物价高到极点就会下降，下降到极点就会上升；在商品价格高位，他人奇货可居时，要将货物如粪土一样抛出，反之在商品价格低迷时，收购货物要如珠玉，不厌其多；所以价格高的时候应当出手，而价格低时应当买进，这样才能加快资金的流转，取得较好的收益。

第四节

逆向思维的战斗机与正向思考的民航客机

我观察过许多投资致富的富人们，他们具备一些特质，使得他们在投资决策的判断上，比一般人来得准确。据了解，投资界有87%的股市投资人是赔钱的，这些人中，以军人、公务员、教师和医生最多。为什么呢？

我的推论是，因为军人、公务员、教师和医生的心理特质是追求稳定、安全，随波逐流是他们觉得稳定和安全的做法。这类投资人做投资就像在驾驶民航客机，始终从正向角度进行思考。这种特质的投资人，通常要在周边所有的报纸杂志、电视新闻、财经专家、政府官员、亲朋好友都对景气看好时，才能100%确定景气好转，才敢进场大胆投资；在周边所有的报纸杂志、电视新闻、财经专家、政府官员、亲朋好友都对景气看坏时，才能100%确定景气转差，才敢大胆认赔杀出。以股票投资为例，别人都在买股票时，“驾驶民航机的”投资人才敢买；别人都在卖股票时，他们也卖出。一定要有100%的把握时才敢起飞和降落，他们只要感觉有一点点疑虑，就宁可选择“重飞”，绝不轻易冒险。

因此，这往往导致“买在最高点，卖在最低点”的后果。

另外13%的股市投资者则很会赚钱，他们把其余87%投资人的钱都赚走了。少数人赚多数人的钱，所以富者愈富。为什么呢？

我发现这些很会赚钱的投资人，具有敢于冒险、决策果断的特质，他们做投资就像在驾驶战斗机，始终从逆向角度进行思考。他们会在景气稍有好转时就进场投资，景气稍微变差时就开始离场。只要估计赢过“敌机”的可能性超过60%，即刻射出导弹，击落敌机，毫不犹豫！

因此，他们往往可以“买在低点、卖在高点”。

“驾驶战斗机的”投资人具有相同的特质：简单、执行、坚持。

投资想法要简单化，让想法要准，靠的是智慧。

投资动作要执行化，做动作要狠，靠的是胆识。

投资持有要坚持化，当持有要忍，靠的是耐性。

这也就是，具有逆向思维的“驾驶战斗机”赚钱的股民和正向思考的“驾驶民航机”赔钱的股民，他们之间存在着不同的投资逻辑思维模式，导致不同的认知。这种思维模式，又往往受到投资人心理状态的影响。很在乎赚钱、赔钱承受度的心理，又往往会把投资行为由理性决策带向感性决策，形成差异更大的感知。

20年前不受欢迎的皮肤科医生为何近年逆袭?

这让我想到，人们对医生不同分科的态度在前后二十多年间发生了巨大变化。

二十多年前，医生一职便在台湾受宠。其中，当红的科系是外科、小儿科等，而皮肤科无人问津。这是因为，外科收入颇丰且病人多，而皮肤科收入很低且病人少。

然而，二十年后，皮肤科反而成为最热门的科系。

这是为什么呢?

因为现在外科的风险增加了。二十多年前，若手术出问题，病人很少纠缠；现在，一旦手术有问题，病人家属便诉诸法律。此外，外科手术耗时长，单位时间的收益率低。

相比之下，皮肤科基本无风险，而且美容需求风行，且收费很高。

曾经冷门的学科，将来未必冷门。当红的行业未必是好的投资对象。应该投资现在并非很好、未来会很好的行业。这就是逆向思考!

常有人说“贫穷限制了我的想象力”，其实穷人和富人的差别不只是金钱，更重要的在于思维(智慧)!

第五节

两棵树的投资选择

有两棵树，一棵很健壮，长得很好，但售价很贵；另一棵，长得矮小，枝叶并不茂盛，但售价很便宜。

以投资角度，应选择哪一棵树？

选择的判断标准是，如果矮小的那棵树在补充养分、阳光、水分、空气、土壤、截枝、修复后，能长得比原来那棵健壮的树还要好，那就应用较低的价格，买入较矮小的树，并加以改造和照料。待它枝繁叶茂时，就可以卖个好价钱！

两全其美只有在书籍中看得见，不易存在于现实生活中。选择的方式只有——两害相较取其轻、两利相较取其重。

创富投资的重点在于，选择过去和现在不太好，但未来有机会变好的投资对象。这样的做法，其投资胜算率通常会更高。

现实生活中，若有看似风险极低、报酬极高的好项目来找，通常是诈骗案。天上掉下的礼物，通常带有刀叉。

西班牙知名的经济学者亚历士与费南多，花了 3 年的时间对所谓的幸运者进行研究，最后浓缩成一本追寻幸运的寓言书《Good Luck：当幸运来敲门》。这本书被营销管理学之父菲利普·科特勒形容为管理学上的“小王子”。

故事是这样讲述的。

有 A 和 B 两位好友，A 从小家境富裕，B 从小家境贫苦，当两人在晚年偶然相遇时，却发现，A 由富转贫，B 则由贫转富。A 就向 B 抱怨，他一生的运气都很差，而 B 的运气是如此的好。但 B 则告诉 A，并非他的运气特别好，而是他从小听他爷爷常跟他讲一个有关“幸运草”的故事，他谨记一生，身体力行。

于是 B 把这个故事跟他从小的好友 A 分享，其大意为：

在遥远的地方，有个国度，一天巫师召集国内所有武士，宣布道：

“7 天内，国境内将会长出神奇的四叶幸运草，它能够让你在战争、工作、爱情、财富等方面，无往不利！”

很多武士听得很心动。

但巫师又说：

“神奇的四叶幸运草就长在欢乐丛林里，从这里翻越十二座山，过了忘忧谷就到了。”

很多武士听了之后就离开了，因为他们都知道，欢乐丛林是在很遥远的广大荒凉地方，幸运草不易寻找。这时，只有两位武士——黑武士和白武士留下来了。

于是，巫师就让这两位武士出发去寻找四叶幸运草。

隔天，两位武士到达欢乐丛林。

首先，黑武士找到土地公询问：

“何处可以找到四叶的幸运草？”

土地公回答：

“我住在这里几百年了，从来没有看到土地长出四叶的幸运草。”

黑武士只好离开，之后换白武士来拜访，问出同样的问题，得到同样的答案。

但白武士再问土地公：

“为何这个地方长不出四叶的幸运草？”

土地公回答：

“这一大片地方，从来没有人来翻过土。幸运草需要有松软、潮湿的土壤才能生长，可是树林里的土壤又干又硬，从来没翻动过，在这种地方，怎么长得出幸运草啊？”

白武士一听，就直奔树林里一处偏僻幽静的角落。他选中一块自认为适合的土地，披荆斩棘，除去杂草，并且不停地翻土，铲除那千古以来从未被翻动过的旧土。

第 3 天，黑武士来到一片大湖边，问湖泊仙子：

“这个丛林里，哪个地方可以发现幸运草？”

湖泊仙子回答：

“这片树林是长不出幸运草的！我从来没看到过。”

黑武士只好气冲冲地离开，之后换白武士来询问，得到一样的答案。

于是白武士再问：

“为何这个地方长不出幸运草？”

湖泊仙子回答：

“你难道没看见，这湖泊四周，没有任何大河或小溪相连，水分都是从湖底直接渗透到欢乐丛林的每一个角落。幸运草是需要很多水分才能生长的，它们起码要长在小溪流旁，在这片树林里，你是永远也找不到幸运草的。”

于是，白武士就从这个湖泊挖了一条小河，直通他前一天翻过旧土的土地。

在未来的几天中，两位武士先后遇到丛林皇后、石头公公，都做了一样的行为……

结果，黑武士啥都没做，白武士则除了翻新土地的硬土，还把水引进来，把土地上方遮蔽阳光的树枝剪了，把土地上阻碍幸运草冒芽的小石头给捡了……

到了第6天，欢乐丛林突然起了一阵大风，把所有黄金色的小种子全部吹了起来。

于是，白武士就问风神：

“这是什么东西？”

风神回答：

“每年这个时刻，我都会把丛林里所有四叶幸运草种子吹起，让它们掉在丛林的每一寸土地上。”

第7天，在白武士深耕的土地上，终于长出丛林里从来未见过的四叶幸运草……

幸运种子和阳光一样，洒在每一个人的头上。对于随时有准备的人，头上就有机会长出幸运草；对于没有准备的人，再多的种子，都无济于事，永远长不出幸运草。所以，对于随时有准备的人，其投资胜算率往往高于那些没有准备的人。

创富投资人在每一步的选择过程中，都要朝着成为随时有准备的人这一目标前进，不断提高投资胜算率。

第六节

突破既有红线思考

与逆向思考类似的，是突破既有红线思考。创富投资，不能只在既有的红线内(原有的思维中)思考，要懂得突破红线。

在创富投资的过程中，一般投资人的思维方式通常有两道——

显学是一道，用的是周易的乾卦思维，以天为主，强调春生和夏长；

隐学是另一道，用的是周易的坤卦思维，以地为主，强调秋收和冬藏。

很多投资人确实在这两条途径上都费尽全力去思考，上天入地、博古通今，天文地理、历史典故样样皆通，期待更全面、更完整地思考事情发生的来龙去脉，捕捉事态发展的前因后果。这些投资人虽然在主显和主隐两方面都力求完善，但做事情、做投资还是常常会想不明白，以赔钱告终。

这是什么原因？

因为在主张显学和主张隐学两道之间，还缺少了一个“破”字。

司马光砸缸是个家喻户晓的故事。面对落入水缸中的同伴，当其他伙伴一筹莫展时，司马光用大石砸破水缸救出了同伴。司马光的成功，正是基于打破水缸的思维模式，只有突破旧思维的红线框框，通往成功的新思路才能展现。

创富投资要能获利，除了具有主显和主隐两道思维外，最终还是要用到“破”这个字，通过显、隐两道双向思考，夹击禁锢的盒子。“打破”，才能得生机。

苏东坡任杭州刺史时，非常欣赏名士秦少游的才华，撮合秦少游与其国色天香、才学过人的妹妹——苏小妹的婚事。新婚之夜，苏小妹出上句：“闭门推开窗前月”，向秦少游求下句。秦少游左思右想不得其对，徘徊长廊，苏东坡见状，灵机一动，拾起一块石头，投进盛满清水的花缸里。秦少游触景生情，于是对上：“投石击破水底天"。

月——在天，水——在地，地水印着天月，要打开天地、求得美人，必须要“破”——击破、打破、突破。

乾卦和坤卦，围合成一个封闭的阴阳盒子；

苍天和大地，围合成一个封闭的天地盒子；

春夏和秋冬，围合成一个封闭的时节盒子；

满溢大水缸，围合成一个封闭的环壁盒子。

上述例子都说明，如果视野始终局限于盒子内部，思考将永远受限，无法创新。创富投资思考要跨出红线外，打破被束缚的盒子，挑战不同的思维方式。

蜜蜂与苍蝇的逃生？

以下，我们再通过一些例子来看看突破既有红线思考的神奇力量。

亨利·明茨伯格所著的《明茨伯格管理进行时》中写道：

一个只有一个瓶口的玻璃瓶，一束光透过瓶子底部的玻璃，穿透瓶身，并打向瓶口。分别把苍蝇和蜜蜂放进罐子。

哪个会存活？

蜜蜂们会努力坚持，在光线照射进来的玻璃壁方向上，找到一个出口，直到它们因为力尽或饥饿而死。

与此同时，苍蝇们却在不到两分钟的时间内，全部从与光束相反方向的瓶口处逃脱了。

蜜蜂对光的热爱，正是它们在这个试验中失败的原因。它们凭借才智以为，出口一定是在光照最亮的地方。蜜蜂越是聪明，它们所面临的这个奇怪障碍越是显得不可逾越。

而愚蠢的苍蝇，根本不管什么逻辑，疯狂地拍打翅膀，这里碰碰，那里撞撞，反倒傻人傻福，找到让它们重获自由的出口。

蜜蜂唯有突破旧思维，才能求生！若是永远在红线中思考，只能于瓶中耗尽生命。

福尔摩斯与华生去野营

福尔摩斯和华生去野营的趣事，博得一笑时也深意匪浅。

有一次，福尔摩斯和华生去野营，他们在星空下搭起帐篷，然后很快睡着了。

到了半夜，福尔摩斯把华生摇起来，问他说：

“抬头看天上的星星吧，你发现了什么？”

华生看了看说：

“我发现在宇宙中有成千上万的星星，应该有部分恒星像太阳一样，也有像地球一样的行星环绕，也就是说有些行星像地球一样可能存在生命。”

这时，福尔摩斯说：

“华生啊，你难道没有发现我们的帐篷被人偷走了吗？”

一般人喜欢在惯性思路下思考问题，常会迷失在牛角尖中。有时需要跳脱常规，换个角度(红线外)思考。

乞丐变富翁

我们再来看看乞丐变富翁的故事。

一个乞丐拿着杯子站在地铁出口卖铅笔。有一商人经过，向乞丐杯中投入几枚硬币，匆匆离去。一会儿，商人回来取铅笔，说：

“对不起，我忘了拿铅笔，因为你我毕竟都是商人。”

几年后，商人参加一次高级酒会，一位衣冠楚楚的先生过来向他敬酒致谢。这位先生就是当初卖铅笔的乞丐。他生活的改变，得益于商人的那句话：

“你我都是商人。”

人生中，当我们定位是乞丐，那就是乞丐；当我们定位于商人，那就是商人。让当年在红线内思考的乞丐，突破红线成为站在红线外思考的商人，如今的商界就多了一个真正的商人。

我们从小的教育，要突破即代表要被老师打手心。但在投资领域，这些创富成功者们，勇于挑战旧思维，突破既有的红线框框，站在红线外，思考红线内、外的事情。

卖木梳子给和尚

蒋光宇所述“把梳子卖给和尚”的故事，同样深有启发。

有一家营运相当好的大公司，为扩大经营规模，决定高薪招聘业务主管。广告一出，报名者云集。招聘主考者出题说：

“想办法把木梳卖给和尚。”

绝大多数应聘者感到困惑不解，甚至愤怒。出家人要木梳何用？明摆着拿人开玩笑嘛！于是纷纷拂袖而去。最后剩下三个应聘者：小 X、小 Y 和小 Z。主考者交代：

“以 10 日为限，届时向我汇报销售成果。”

10 天一到，主考者找来小 X、小 Y 和小 Z。

结果，小 X 先回来，卖出一把梳子。主考者很高兴地询问卖出的原因。

小 X 说明：到处去游说和尚买把梳子的过程历尽辛苦，但无甚效果，还惨遭和尚责骂。幸好下山途中遇到一个小和尚在大太阳底下，一边扫地，一边使劲挠头皮。于是灵机一动，递上木梳，告诉小和尚在扫地时，抓头皮容易感染，会愈抓愈痒，请改用干净的木梳。结果小和尚用后满心欢喜，买下一把。

随后，小 Y 也回来了，卖出 10 把。主考者很赞美地询问卖出的原因。

小 Y 说：走到一座名山古寺，由于山高风大，进香者的头发被吹乱。小 Y 对寺院住持说：

“蓬头垢面的信众礼佛，是对佛祖的不敬。应在寺庙的庙口前放把木梳和镜子，供善男信女梳理鬓发和仪容后，再进行礼佛。”

住持觉得有理，就当场买了一把。那座大山有 10 座寺庙，于是卖掉 10 把。

最后，小 Z 也回来，卖出 1000 把。主考者觉得很惊讶，询问卖出的原因。

小 Z 说道：自己走到一个颇具盛名、香火极旺的深山宝刹，朝圣者、施主络绎不绝。小 Z 对住持说：

“凡来进香参观者，都有一颗虔诚之心，宝刹应有所回赠，以做纪念，保佑其平安吉祥，鼓励其多做善事，常来庙里礼佛。我有一批木梳，我看到庙口前你的题字，你的书法超群，请在木梳上写上‘积善梳’3 个字，便可做赠品，送给前来的信徒。”

住持大喜，立即买下 1000 把木梳。得到积善梳的施主与香客也很是高兴，一传十、十传百，朝圣者更多，香火更旺。

小 X 找到了新用途(抓痒)，卖出了 1 把；

小 Y 找到了新客层(信众)，卖出了 10 把；

小 Z 找到了新客层(信众)+新用途(行善)，卖出 1000 把。

多样的思维，引领不同做法，利用不同的资源，导致不同的投资结果！投资思考转个弯，前景无限宽。

第九章　简单、执行、坚持

投资想法要简单，投资动作要执行，投资持有要坚持。

投资想法要简单化，让想法要准，靠的是智慧。

投资动作要执行化，做动作要狠，靠的是胆识。

投资持有要坚持化，当持有要忍，靠的是耐性。

世间万物，有其事必有其理，大道至简。创富投资人只要把日常生活中有关看清投资事和悟出投资法的点滴，一直连续深藏在潜意识和下意识之中，擅长利用简单的思维方式选择和掌握投资本质，在重要的投资时刻，能不假思索地展现出来，这就是文明的投资人。

投资想法简单化后，就要认真执行投资决策，不受外界干扰，不要畏首畏尾。

在投资策略执行之后，可能陆续出现很多干扰因子左右着投资对象的发展轨迹，此时创富投资人最拿手的是依靠强大的耐心坚持投资初心。

第一节

何谓“简单”？

简单是符合并顺应自然规律的状态，需要化繁为简的思维方式，唯有大智若愚的智者才能把复杂的问题简单化。

简单化，可以用美国管理学家吉姆·柯林斯的话概括，他曾说：

“我的专长就是能在一堆杂乱无章的信息中看出形态，在紊乱中找到秩序，在混沌中的变和常之中理清观念。”

简单化，也可以用台湾作家三毛的话概括，她曾讲过：

“我不吃油腻的东西，我不过饱，这使我身体清洁。

我不做不可及的梦，这使我的睡眠安恬。

我不穿高跟鞋折磨我的脚，这使我步子更加悠闲安稳。

我不多说无谓的闲话，这使我清畅。

我不求深刻，只求简单。”

把复杂留给学者，把简单留给投资人。

世间万物，有其事必有其理，大道至简，无论多复杂的事，当我们了解其奥妙以后，就会觉得它简单容易。我们要用简单的思维方式，选择和掌握投资的本质，以适应环境变化的需要。简单化，就是用智慧来区别，哪些可以改变——变（变易），哪些不能改变——常（规律）。把可以改变的部分用心做好，那就是不简单了。

有哪些方法可以把复杂的投资想法简单化呢？

第一，把动变静。

静态到了极点，能知过去、了解现在、洞察未来。处理一件复杂困难的事，一定要静下心来，什么都不想，宁静会带来宇宙的能量。

“生命的根本是在宁静中恢复的”——老子；

“生命的能源来自宁静”——南怀瑾。

第二，把快变慢。

看见飞梭在纺织机上来回快速穿梭，要如何用手才能抓住它？要用心去感觉，让速度变慢，才有可能抓得住。眼可利，但心要静。

第三，把近变远。

用现在的时点看现在的投资决策，往往因为太近了，看不清楚，愈看愈复杂。用现在的时点去看10年前的投资决策就变得简单多了。所以若能用远一点的时间或远一点的距离来看现在或现存的投资决策，就会变得简单、清楚多了。

第四，把急迫变从容。

“月亮跟着我们的脚步走，遥远(贵重)的东西是不急迫的”。

“不要因思想的犀利，忽视了从容的魅力”——林语堂。

第五，把物质变精神。

精神层面的事总是遥远的，而物质层面的事，总是近在眼前而急迫的。物质和精神的选择、急迫和从容的选择，从人的本性来看，往往在不知不觉中就被物质和急迫给淹没了，变得贪婪，使得决策变得复杂化。唯有重新追求精神和从容，才能让投资决策简单化。投资不是为了赚钱(物质)，是为了证明自己的判断(精神)。

“经营的杠杆在智慧，不在金钱”——盛宣怀。

第六，把人工变自然。

投资要追求人、事、物的本质，不要过于加工。加工的方式可以带来一时的成功，但无法形成自然长期的本质。

正如克雷洛夫的寓言《鹰和鸡的故事》中写道：

“鹰有时飞得像鸡那么低，但鸡永远无法飞得像鹰那么高。因为——鹰和鸡的本质无法改变。”

简单化，让想法要“准”，靠的是智慧。我们从《阿甘正传》中可见一斑。阿甘的智商不高，却是有慧根的，简单的智和深层的慧，成就阿甘的成功。

阿甘几乎做什么都成功。他可以坚持只跑步的日子，可以专心打乒乓球，可以一生只对一个女子保持深深爱意，并且在女人离去后依旧专心致志地面对自己的生活。

阿甘知道自己的不足，所以比别人专心。他唯一做到的就是简单坚持，认真地做、傻傻地执行。

结果，拜不计成本的努力之赐，阿甘成功了！

第二节

何谓“执行”?

想法简单化后，就要认真执行投资决策，不受外界干扰，不要想好了又畏首畏尾的，不敢去做。在任何状况下，自始至终保持自己的主见，用自己的观察去审视外界环境，用自己的方法去解决问题。正所谓，与其临渊羡鱼，不如退而结网。

美国著名的成功大师拿破伦·希尔曾说过：

“穷人有两种非常典型的心态：一是，永远对机会说不；二是，总想一夜暴富。”

投资就像游泳一样，与其在教室中学一百堂课，不如跳下游泳池学一次，只听别人在课堂上讲，是学不会的。

那么，上课和投资有何不同吗？

上课，上完了就下课；

投资，拥有简单的想法后，就马上去执行。

执行化，做动作要“狠”，靠的是胆识。

《涉世之初》杂志曾刊登过这样一篇报道。

1972 年，新加坡旅游局给时任总理的李光耀送了一份报告，大意是，新加坡不像埃及有金字塔，中国有长城，日本有富士山，夏威夷有沙滩和海浪。新加坡除了一年四季直射的阳光，什么名胜古迹都没有，如果要发展旅游业，实在是巧妇难为无米之炊。

李光耀看过报告后非常气愤，在报告上批了行字：

“你想让上帝给我们多少东西？阳光，有阳光就够了！”

后来，新加坡利用一年四季直射的阳光认真发展它们的旅游事业，用阳光种植花草，在很短的时间内发展成为世界知名的花园国家，连续多年，旅游收入位列亚洲第三。

上帝给每个地区、每个人的东西的确不多，上天

给杭州一个西湖，

给曲阜一个孔子，

给牛顿一个苹果，

给迪斯尼一只老鼠，

给乔布斯一个咬过一口的苹果。

虽然上帝的馈赠少得可怜，但只要我们是有心人，就会惊奇地发现，其实上帝的赠予是很丰富的，只是看我们懂不懂、敢不敢用心去执行。

聪明的杭州人把西湖变成人间天堂；

智慧的曲阜人利用孔子把曲阜变成了儒家圣城；

沉思的牛顿因为那个苹果，发现了地心引力；

潦倒的迪斯尼利用那只老鼠创造了让人赞叹的游乐王国；

失学的乔布斯用咬过一口的苹果创造了拥有世界最大市值的公司！

邓小平说过：

“实践是检验真理的唯一标准。”

诺贝尔奖得主莫言也曾说：

“当你的才华还撑不起你的野心时，就应该静下心来学习；

当你的能力还驾驭不了你的目标时，就应该沉下心来历练；

梦想不是浮躁，而是沉淀和积累；

只有拼出来的美丽，没有等出来的辉煌。

机会永远是留给最渴望的那个人，学会与内心深处的你对话，问问自己想要怎样的人生。”

有点资源，想好了，简单化了，就要去执行，不要畏首畏尾！

第三节

何谓“坚持”?

吉姆·柯林斯曾说：

“坚持把简单的事做好的刺猬，往往胜过一心多用的狐狸。”

坚持化，当持有要“忍”，靠的是耐性。看对了投资对象，并且执行了投资决策，事后将面临很多不确定性，有很多干扰因子会陆续出现。能不能坚持自己当初的决定，这时靠的就是耐性了！

例如，在房地产投资或者股票投资的过程中，反映“上涨”的时间通常很短，反映“下跌”的时间也很短，其余的时间都在等待。在这个长时间的等待过程中，一定会出现很多干扰因子，就要靠耐性坚持自己当初的决定！

南怀瑾曾说：

“不是因为有了希望才坚持，而是因为坚持才有了希望。”

丘吉尔曾说：

“成功根本没有秘诀，如果有的话，就只有两个：

一是坚持到底，永不放弃；

二是当你想放弃的时候，请回过头来再照着第一个秘诀去做。”

世上无难事，只怕有心人。

“简单、执行、坚持”的过程中，坚持是最困难的，是最考验人心的。

投资者若要在投资中获得成功(赢得阳光)，与其不停歇地跑向西方追逐夕阳，倒不如转身，站在原地，敞开双手，耐心地面向东方迎接朝阳，等待阳光的射入。迎接朝阳，是懂得转身站在原地的等待和坚持的过程。

当投资者看重某个企业的股票，并遇到合适的投资时机(股票价格<企业价值)，则应大胆地买入，之后要做的便是等待和坚持(迎接朝阳)，直到这只股票爆发的那天，阳光便自动照射进来。

竹子的蓄势和长高，分别要多久？

据说，竹子刚出土时，花 4 年的时间，仅仅只长高 3 厘米；而从第 5 年开始，每天会以 30 厘米的速度疯狂地成长，只用 6 周的时间，就长到 1500 厘米(15 米)。

其实，在前面 4 年，竹子将根在土壤里延伸了数百平方米，用以扎根，但在地面以上只长了 3 厘米。因为根基扎得够深，才能在未来 6 周中快速生长到 1500 厘米(15 米)。

投资的能量，是需要充分储备的。世上有多少投资人，根本就没有熬过那 3 厘米，哪能得来 15 米！耐心的坚持，是最考验人心的！

正所谓坚持化，当持有要"忍"，靠的是耐性。

2014 年 9 月 19 日，在纽约股票交易所敲钟的阿里巴巴很荣耀，其实，阿里巴巴起步初期(1999 年)的发展却是困难重重。

1998—1999 年，是互联网飞跃式发展的两年，雅虎中国、搜狐、新浪、网易、联众、盛大、京东、当当、腾讯、百度、3721(360 前身)、人人网，以及成千上万的、早已不见踪影的互联网公司，在那两年中如雨后春笋般兴起。当年的阿里巴巴和千千万万的互联网公司一样，是一颗不起眼的种子，阿里巴巴的技术能力和企业资源甚至都不如当时许许多多的竞争者，最终，它为什么能有幸从芸芸众生中脱颖而出呢？

1999 年 2 月 21 日，马云和"十八罗汉"凑了 50 万元创办阿里巴巴。他希望用这 50 万元能坚持一段时间，并期待这段时间内能吸引到投资。然而没过多久，50 万元的启动资金已经花得一干二净，最窘迫的时候阿里巴巴账面上只有 2000 元。于是，马云四处奔走，借钱过难关。

他来到纽约，希望融资＄200 万美元，失败了。

幸好马云后来遇到软银的孙正义，请求＄200 万美元融资时，孙正义表示＄200 万美元不足以支撑梦想的实现，而是投了＄2000 万美元。正是孙正义的这笔钱强撑，让阿里巴巴比其他竞争者可以熬得更长久，直到彻底翻身，成就了现在的辉煌。

难怪马云说过这么一句话：

"We believe one thing. Today is difficult, tomorrow is more difficult.

But the day after tomorrow is beautiful!”

意思是，今天是困难的，

明天可能更加困难，

但明天的明天却是美好的！

创富投资的过程中，一般投资人的投资态度通常也有两道——

逼是一道，因为逼自己可以产生上进的内生力量；

求是另一道，因为求别人可以获得广泛的外部资源。

很多投资人确实在这两个方面花时间、花精力地去耕耘，他们逼迫自己通宵达旦、废寝忘食、绞尽脑汁，得以争取更多创富投资的机会、积聚更多的内部力量不断上进；他们也到外部，找朋友、找长辈、找老师，得以取得各种外部资源、聚势而为。虽然在逼自己和求别人两方面都用尽全力而为之，最终投资却赚不到钱，以赔钱收场。

这是什么原因？因为在逼自己和求别人这两道之间，还缺少了一个“熬”字。

从生物的演化进程来看，脑容量的不断增长是高智商的源泉，人类的大脑容量明显高于其他动物。现代 60 公斤重的哺乳动物，平均脑容量 200 立方厘米，而 250 万年前最早期人类的脑容量已经达到 600 立方厘米。虽然脑容量越大越具智能，但是庞大的脑容量会消耗身体的巨大能量，对于大脑占身体总重量 2%~3%的智人来说，身体静止休息时大脑能耗占据了 25%，而脑容量较低的其他猿类此时的消耗仅为 8%。所以，远古人类为了让大脑不断进化做出了不少牺牲，一是寻找更多的食物补充消耗，二是通过肌肉退化萎缩以留出更多的能量给大脑使用。

在智人存在的年代，虽然黑猩猩“讲道理”比不过智人，但论“打架”绝对胜过智人，所以在那时的非洲草原上，选择大脑进化未必是一个好的决定。在之后超过 200 万年的时间里，人类的脑神经虽在不断增长，但也仅限于用岩石制作刀具，将树枝削尖成武器，并不能立即看出大脑进化的优势。而如今，大脑进化的益处显而易见。虽然人类拼拳头比不过黑猩猩，但是却能制造出汽车和枪械，不仅让人类的移动速度高于黑猩猩，也能够从远处就击毙黑猩猩。

从公历纪元体系看，人类至今所经历的 2000 多年只是 200 万年的千分之一。正是因为大脑的进化在过去超过 200 万年的时间里经历了“熬”的过程，才会在之后的2000年里逐渐显山露水，实现从量变到质变的过渡；正是因为这样的“熬”，才让如今的人类和黑猩猩有着巨大差异。

创富投资要能获利，除了要逼自己、求别人两道外，最终还是离不开“熬”，熬出创富投资的智和慧，熬出一片晴朗的天，熬成投资界的文明人。

但世上有多少投资者，根本熬不过明天的晚上，就先行倒下，再也看不见将于明天的明天升起的太阳！因为，他们缺乏的，正是耐心的坚持，正是一个简简单单的字——“熬”！

第四节

美国拾荒老人的故事

前文所说的，多年以前在美国的一位拾荒老人，每天过着捡垃圾的日子。因为发现捡垃圾的日子中，捡到最多的就是——可口可乐的瓶子(想法简单)。于是她就把仅有的微薄收入买进了可口可乐的股票(勇于执行)。在未来20年的日子里，都做一样的行为(长期坚持)——只要卖垃圾积累到一些小钱，就拿去买可口可乐股票。结果，那段期间中可口可乐的市值快速成长千倍，给这位拾荒老人创造了巨额财富。

这个故事，对投资人有几个启示。

第一，拾荒老人的投资想法很简单，她在拾荒中发现，捡到的饮料瓶中属可口可乐的瓶子最多，代表着这个产品深受顾客的喜爱，只要这种现象一直存在，她就无须改变原来的投资决策。

第二，食品行业与科技行业的产业特性，有很大的不同。科技行业日新月异，如果不能跟上潮流，很快就会被顾客抛弃，品牌忠诚度不高；相反，在食品行业中，顾客的口味一旦养成，其消费行为就不易改变。

例如，一个人习惯喝可口可乐，有天他改喝别家品牌的可乐，就觉得那不是可乐，不是真正的可口可乐，顾客的品牌忠诚度很高。这也是为什么世界上有许许多多的百年食品企业，但不易有百年的科技公司。

第三，有了一个简单的想法后，拾荒老人就确实地执行，并持之以恒。不像有些投资人，想法很多，一旦要执行时，又顾东顾西，犹豫不决。就像有些上班族，运动健身的想法很多，但往往不去执行，或执行了许多项运动，但都坚持不久。

第四，拾荒老人，在执行投资决策的20年中，只要她发现捡到的可口可乐瓶子没有明显减少，她就继续坚持她的投资想法和执行动作。20年来，她重复做着同一个投资行为：

——用卖可口可乐瓶子的钱，来投资可口可乐的股票。

这个故事，让我们清楚，这位拾荒老人的投资特质就是想法简单、勇于执行、长期坚持。虽然她只是一个小人物，只能每天赚取微薄收入，但还是能靠投资智慧赚取大钱。创富投资人属于开战斗机的勇士，具有想法简单化、动作执行化、持有坚持化的人格特质。他们能够靠着智慧、胆识和耐心，在投资领域中赚大钱。正是由于“简单”“执行”和“坚持”三种投资态度的累加，才成就了投资界的领军者！

第十章　精准与正确

宁要模糊的正确，也不要精准的错误。

创富投资的“智”和“慧”追求的，是精准还是正确？正常的行为，不代表它是正确的行为（What’s done doesn’t mean it’s what should be done）；精准的投资判断方法，不代表它是正确的投资判断。

当一个投资机会来临时，我们

是否听到？

是否听懂？

是否做到？

是否赚到？

做到了，如何跨越到赚到？

以投资股市为例，可以从两个角度分别进行深入研究，一是判断大盘走势，二是选择潜力个股。

面对精准的历史数据，是否可以推测正确的未来？

精准的过去和模糊的未来，如何做出取舍？

精准和正确两者，如何来权衡？

创富投资的智和慧，展现的是精准还是正确？

针对以上问题，股市投资大师巴菲特引用知名经济学家凯恩斯的话，做出回答：

“宁要模糊的正确，也不要精准的错误。”

第一节

价值投资和精准的错误

对于如何选择投资目标，股神巴菲特的老师，美国著名投资大师——格雷厄姆提出了三大观点。

第一，价值投资。判断投资对象是否值得投资时，应判断该企业内在的价值，而非它的股票市场价格。当投资对象的内在价值比它的股票市场价格高出30%~50%时，是投资的好时机。

第二，安全边际。当投资对象的内在价值大大超过它的股票市场价格时(高出50%以上)，更值得投资。

第三，独立思考和逆向思维。要想实现成功投资，应做到独立思考，不盲从他人的建议；同时，要做到逆向思维，即如格雷厄姆所说："当大多数人(包括专家)悲观时，买；而当他们相当乐观时，卖。"

后来，巴菲特也发展出选择投资目标的三大观点。

第一，投资企业而非投资股市。股票的价格波动，只是企业在资本市场的表象，但世间奇珍异宝往往不在其表。投资股市前必须先对企业本身，甚至要对其所在的产业了解得一清二楚。

第二，集中投资而非分散投资。集中投资相对于分散投资的含义是，集中投资只投资于自己了解、熟悉的企业，只投资经过反复分析、研究和跟踪过的企业；而分散投资则会增加投资对象的数量，很容易投到自身不太了解的企业，或是不熟悉的产业，增加投资风险。

第三，长期投资而非短期投资。考虑是否要投资某个投资对象时，其当下的判断准则，并非只想到在1个月或3个月后快速获利卖出。其实，在投资心态上，要像投资房地产或管理一家企业那样，投资的目标应是长期持续持有(7~8年或更长)，也就是认定，这个投资对象未来的长期发展是向好的，不会因为它短期股票价格波动而随意买进或卖出。其意义就是，操作的手法可以视环境状况短线或长线进出，但在投资的心态上，一定要有像投资房地产或管理企业那样，做好长期持有的准备，用长线的眼光去看待投资对象本身。有人问巴菲特，是做长期投资还是短期投资，他回答：“希望是永远。”

根据以上投资大师格雷厄姆和巴菲特主张的各个观点，除了“价值投资”中的“企业内在价值”最难评估外，其他皆容易理解。

那么，我们应该如何判断“企业内在价值”是否大于“股票市场价格”呢？

就此，出现了很多精算大师或财务课程，用财务分析的观点计算“企业内在价值”，其中最典型的方法是威廉姆斯（John Burr Williams）提出的“净现金流量折现法（DCF）”，即预估企业未来每年的净现金流量，并选择合理的折现率，将未来的净现金流量折合成现值，得出“企业内在价值”。

假设企业的存续期为 n 年，折现率为 R，则“企业内在价值”的公式为：

$$\text{企业总价值} = \frac{\text{第 1 年净现金流}}{(1+R)} + \frac{\text{第 2 年净现金流}}{(1+R)^2} + \cdots + \frac{\text{第 } n \text{ 年净现金流}}{(1+R)^n}$$

$$\text{每股企业内在价值} = \frac{\text{企业总价值}}{\text{总股数}}$$

利用“净现金流量折现法”的公式，虽然可以精准地计算出“企业内在价值”，然而，这种精准的计算方法一定可以获得正确的答案吗？

这个公式存在一个合理的误区，“预测未来”是一件很困难的事情，若能预测到明年（第 1 年）、后年（第 2 年）的净现金流量，这已经很困难了，更何况要去预测未来每一年的净现金流，一直到第 n 年（第 1 年净现金流、……、第 n 年净现金流），那将是更困难的事。也就是说，这个公式的计算模型是具备精准性的，但是填入公式的数据很可能是推测得来的（推测未来的很多年），充满各种不确定性。一家企业在未来那么多年的经营过程中，内外部的环境，可能发生各种各样的状况，因此很难事先预估得知未来每年的财务数据。用猜测未来多年的数据（不具准确性），通过这种精准性模式计算出来的结果，其正确性就值得怀疑了，往往是 Garbage in and garbage out，就是精准但不正确。

这里所说的 Garbage in and garbage out（垃圾进去，出来也是垃圾，不会变黄金）。举个例子来讲，虽然上述“企业总价值”公式是个完善的模式，但是，如果将错误的信息输入等号右侧(Garbage in)，那么等号左侧得到的结果也是错误的(Garbage out)。再好的模式，再好的工具，一旦送进去加工的材料是垃圾，出来的成品也是垃圾，不可能变黄金。但很多投资人常会受到精准模式的吸引，去进行所谓的精准推断，而非把注意力集中聚焦在正确的判断里。

要预测未来很难，何况要估计未来 n 年以后的所有事。所以，巴菲特对股市投资行为，特引用道：

“宁要模糊的正确，也不要精准的错误。”

第二节

选择“模糊的正确”

企业的过去，可以从财务报表等资料中找到精确的数字，再用精准的方法、模板去定量计算，得知企业过去的表现，并用来推敲企业的未来。但这种方式，或许可以正确地了解企业过去的表现；但所推敲的未来答案，很可能会得到“精准的错误”，进而产生错误的认知能力。

对于推断企业将来的发展，因为未来的精确数字很难在决策当下得知，所以更应该从定性的角度去判断，找到“模糊的正确”，而不是一味地从定量的角度，沉溺于过去的数字和图表，来推论未来。因为这些答案可能都是“精准的错误”。

世上的投资人，根本难以用定量的方法，精准地计算得知股票何时会上涨，会涨到多少；何时会下跌，会跌到多少。但却可以用定性的方法，找出让股票上涨的因子，并且推论股票未来上涨的概率。若其未来上涨的概率大，就先买入该股票，买好了，剩下的就是耐心等待，直到有一天(虽不知哪一天)，它上涨了(虽不知会涨多少)。

另外，对于已买入的股票，也可以用观察的方式，定性分析这些上涨的因子是否在逐渐消失，若消失的程度已让原来推论其未来上涨的概率变小，而下跌概率变大，那就要考虑卖出该股票。这是培养正确认知能力的方法。

一般常人的能力，难以用定量的方式准确地推断何时上涨和下跌，涨多少或跌多少，如果有人宣称可以讲出正确答案，若他不是用猜的、忽悠人，就是他可能在提供一个“精准的错误”，可能在用精准的错误来引导、改变对方的认知能力。这个时刻，对一位文明创富的投资人而言，存在于自身的下意识感知能力就显得尤其重要了。

我个人针对知名经济学家凯恩斯、股神巴菲特谈论的“模糊的正确”和“精准的错误”，提出两者的差异之处，主要表现在以下五个方面：

①数字量化对逻辑推论；

②猜测价格对应对方案；

③复杂化对简单化；

④看未来对看过去；

⑤长线思考对短线操作。

依循“精准的错误”指引的投资人，把重点放在：数字量化、猜测价格、复杂化、看过去和短线操作。

依循“模糊的正确”指引的投资人，把重点放在：逻辑推理、应对方案、简单化、看未来和长线思考。

因此，创富投资人应该从“模糊的正确”角度，在投资“智”的基础上，更要架构投资的“慧”，在投资认知能力的基础上，更要具备感知能力，从定性层面出发，用简单的数学，依循未来的观点、逻辑思维的推论、长线思考的心态、简单化的想法和应对方案的采用等五个方面，用以分析投资对象，分解其成败因素。

第三节

数字量化与逻辑推论

曾任中国证监会研究中心主任的祁斌，研究过美国股票基金操作的绩效表现。相比最优秀的20%和最差的20%不同基金经理人的操作绩效，10年的投资年均回报率的结果仅相差1%。

祁斌的研究，也正是证明了：投资专家选股是其次的，进场买入和退出时点才是重点。

投机大师科斯托拉尼也说过：

“至于个股投资建议，往往是某个所谓投资专家或机构，为引诱大众投资人购买其所发行金融商品的借口。”

因为，就是高学历、高智商、高技术、高职称、高深数学等“五高”人士，其能力也无法正确预测未来经济的发展！这就是所谓“10位经济学者通常有11种以上的经济预测建议”。

事实上，投资获利是一件简单而难做的事情，投资并不需要“五高”——高学历、高智商、高技术、高职称、高深数学，只要简单地加减乘除。创富投资需要有数学思维，但不见得需要固定的数学模型，数学模型往往会限制数学思维的发展，破坏投资行为和投资逻辑。最实用的投资智慧往往存在于基本数学知识中，不见得需要用高深数学去建立复杂的数学模型。“五高”未必引向成功的投资，反而可能因为追求“精准的错误”而导致投资失败。

作为当代公认的最伟大的英国科学家牛顿，身兼物理学家、天文学家和数学家多重身份，但在投资南海公司股票中蒙受了巨大损失。从牛顿的经验得知，创富投资不需要高深数学的认知，也不需要事事量化（因为要取得未来正确的量化数字很困难）的认知，但投资判断的感知能力却可以经由逻辑推论而得。

正确的投资来自正确的判断；
正确的判断来自正确的推论；
正确的推论来自正确的解读；
正确的解读来自正确的描述；
正确的描述来自正确的观察。

第四节

猜测价格与应对方案

我们习以为常地听到投资人在问：

“你觉得这波股市何时会开始下跌？”

“你觉得这波股市会跌到几点？”

换个角度来看待这个事情。如果有人问：

“你觉得什么时候你会遇到车祸？”

“你觉得这场车祸会有多严重？”

我们一定觉得提问者患有精神疾病。

事实上，“何时遭遇车祸”与“股市跌到几点”这两个问题是异曲同工的思维。为何被问及“何时遭遇车祸”时，我们会认为提问者患有精神疾病；而自己提出“股市跌到几点”这个问题时，却非常希望听到答案，且全然不顾——这错误的答案或许只是别人随便回答的，这些影响其实都源于——认知能力被众多复杂因素渐渐地误导。

虽然我们无法预测车祸的发生时间以及严重程度，但却可以通过观察现象，判断车祸发生的概率有多大、严重程度有多高。例如，大风暴雨天行车、长途劳累时行车、为赶时间高速行车、车辆超载上路……这些现象出现得越多，车祸发生的概率就会越大，车祸的严重程度也会越高。但我们无法预测，只能靠观察。

又如，被问及：

“你什么时候会得癌症？”

“癌症对寿命的影响有多大？”

虽然这些“神经质”的问题同样没有确切答案，但是我们却可以通过定期的体检结果和基因测定，判断

是否可能得癌症？

可能性有多高？

对生命影响有多大？

当基因测定和体检指标中显示癌症的预警信号越来越强，那么患有癌症的可能性越来越大，对生命的影响程度也随之加强。我们可以借由观察基因测定和体检指标，来推断得癌症的概率。

又如，我们在路上行走，突然被问及：

“何时开始要下雨？”

“雨会下多大？”

这个“神经质”的问题同样没有确切的答案。但是若有一天，我们看到天空乌云密布，就可以感觉下雨是大概率的事情。此时，我们就可以回答提问人：

“快要下大雨了，出门记得带伞。”

或是，我们可以借由卫星观察云图，观察气流和云层的移动方向、速度，借由观察卫星数据图帮助提高前瞻性和趋势性，借由观察天空变化得以完善分析性和理解性。

在股市投资领域，我认为，投资人不应把精力放在猜测大盘何时会下跌，会跌到几点，而是事先要想好，若股市达到 2000 点、3000 点、4000 点、5000 点、6000 点等，在各种不同的股市大盘指数出现时，投资人应该采取哪些应对方案。

不要猜测股票价格会到多少，股市大盘会涨跌到哪个点位，而是股票价格到达某个价位时，应该采取哪些行动方案；股市大盘涨跌到某个点位时，应该采取哪些行动方案。

举个例子来说，在研究何时买卖信维通信股票时，我列出如下表 10-1，把买进信号、持有信号、卖出信号一一列出。

表 10-1　信维通信买卖信号

观察现象	买入信号	持有信号	卖出信号
■全球智能手机出货量年增长率低于 10%			★★
■全球智能手机出货量年增长率 10%～30%		★★	
■其他移动终端设备产业是否有突破性的量变及应用普及性，例如可穿戴设备、汽车终端、家电终端等，成为通信行业新热点	★★★★★		

续表

观察现象	买入信号	持有信号	卖出信号
■手机品牌前三名（三星/苹果/华为）合计市占率持续增加>45%，品牌集中度呈现强者恒强的局面	★★★★		
■手机品牌前三名（三星/苹果/华为）合计市占率在40%～45%之间波动		★★★★	
■手机品牌前三名（三星/苹果/华为）合计市占率持续减少<40%，品牌集中度分散化			★★★★
■公司进入了其他国内/外知名品牌的核心供应商名单，开发了新的客户，例如小米	★★★★★		
■研发射频领域的其他上下游产品（包括连接器、音/射频模组、精密五金、新材料和测试服务等）有占总营业收入/利润比例不断增加并>20%的产品	★★★		
■在2016-2017年内未有天线以外的其他射频领域的重要产品线出现（该产品占总营业收入/利润的比例超过20%）			★★★
■收购的子公司（如亚力盛、艾利门特、信维蓝沛等）有占总体营业收入/利润比例不断增加并>20%的产品	★★★★		
■收购的子公司（如亚力盛、艾利门特、信维蓝沛等）的业绩未达承诺或预期			★★★★
■继续通过上市公司的资金及市盈率优势，并购或投资其他优秀的射频相关产品领域的公司（投资金额与收购对象利润之比<30）	★★		

以上列表，不是为了预测某件事情何时会发生，而是当某些现象一旦发生了，就必须采取事先想好的应对方案。

第五节

复杂化与简单化

简单是符合并顺应自然规律的状态，需要化繁为简的思维方式，唯有大智若愚的智者才能把复杂的问题简单化。

简单化，可以用西方美国管理学家吉姆·柯林斯(Jim Collins)的话概括，他曾说：

“我的专长就是能在一堆杂乱无章的信息中看出形态；在紊乱中找到秩序；在混沌中的‘变’和‘常’之中理清观念。”

世间万物，有其事必有其理，大道至简，无论多复杂的事，当我们能够看清、了解其奥妙后，就会觉得它简单容易。相同地，投资人若能看清投资事，就会认为，该采取哪个方案、该投资哪只股票变得简单易懂。我们要用简单的思维方式，选择和掌握投资的本质，以适应环境变化的需要。选择和掌握投资的本质，这里存在一个“悟”字，也就是去悟出投资法，找出投资的真理，正是创富投资的最高境界。

《易经》告诉我们，世间万事万物，都无时无刻不在变化，但有一样东西是不变的，那就是事物变化背后的基本原理，真正的规律是不易改变的，道家称它为“大道”，哲学家称它为“本质”；投资的最高境界就是在寻找人、事、物的本质，因为那是最简单的路径，求真理、求本质是最简单的。

投资逻辑的真理，并不会随着人、事、物的不同而改变。投资之道，就是经营之道，就是做人之道。每个人投资的行业不同，投资的个股也会不同；做投资决策的过程中，经济会有周期性变化，行业和个股会有轮动；但是，投资的逻辑(真理)是不会改变的。

“世间万物其道简易，其形变易，其规律不易。”

——《易经》

对投资行为而言：事事多变易，规律最不易，而真理、本质最简易。

做学问，我们可以把一件简单的事，用各种复杂的理论去验证它；但创富投资，我们就必须把观察得到的复杂现象，用简单化去归纳。

请——把复杂化留给学者，把简单化留给投资人。

第六节 看未来与看过去

搜寻投资目标，就是通过独立思考寻找“生米”(看未来)的过程，而不是在已经煮好的“熟饭”(看过去)中淘金。对应到创富投资领域，也就是思考：

下一个产业发展波段中，谁会是领头产业，谁会是领头企业？而不是沉浸于过去的各个产业发展波段，沉浸于过去行情中的领头行业、领头企业。

美国电影《碧血长天》

美国电影《碧血长天》，描述了一个穿越时空的故事。

20世纪80年代，美国尼米兹号核动力航空母舰在执行例行演习任务时，遭遇奇怪的大风暴，突然与美国太平洋舰队失去联系，无意间穿越时空旋涡来到1941年12月7日的夏威夷海域。在遭遇日本零式战斗机和发现珍珠港泊满美国参加“二战”前的战舰后，舰上的官兵们才意识到，自己所在的航空母舰穿越时光隧道，回到了美国参加第二次世界大战前夕的珍珠港。舰上官兵进一步发现，日本舰队正要对珍珠港发动攻击，于是尼米兹号凭借自己80年代先进的战斗机群和导弹，对40年代的日本舰队抢先采取进攻。理所当然的结果是，日本的舰队和战斗机被打得落花流水。

后来，尼米兹号的官兵发现大风暴再起，他们有机会再度穿越时光旋涡回到原来的世界，于是赶快起锚，驶向大风暴的旋涡。但有个士兵在夏威夷追求美女，没赶上搭船，结果就被撂在夏威夷，无法回到原来的世界。

40年后，当尼米兹号再度穿越回珍珠港，一靠港时，发现有位很富有的老人，穿金戴银，身旁还带了两个美女，从一辆很高档加长型的名车上走下来，迎接舰上的官兵。原来这位富有老人就是被留在夏威夷的士兵。

为何这位士兵会变得如此富有？

因为他是用40年后——1980年的眼光，来看待1941年的投资决策，所以他对后来40年所发生的经济情势，看得相当清楚，让他做出许多正确的投资决策，变成大富翁。

如果投资人现在就可以知道未来40年会发生哪些大事，我相信，他就是投资界的文明人，可以轻而易举地通过投资变成40年后的大富翁，当然这是不可能发生的事。但是，投资人却可以站在未来的角度，更清晰地看待目前的投资决策。例如，今天所做的投资中信证券的决策依据，不是依靠过去中信证券是怎样的一家公司(熟饭)；而是评估未来5年、未来10年，中信证券会变成怎样的一家公司(生米)，值不值得现在去投资它。这样的做法就是在向投资界的文明人靠近。

第七节
长线思考与短线操作

目前的投资决策，其适合的观察时点，必须用长线的心态和未来的眼光来看待。用长线的心态，才能让投资人心静；用未来的眼光，才能让投资人看得清楚世间事。

“自古不谋万世者，不足谋一时；不谋全局者，不足谋一域。”

——清·陈澹然

或许投资的做法，可以是长线持有，亦可以短线进出，但是投资决策的思考逻辑必须依赖于长线的心态。

曾经有位企业家告诉我：

“如果目前栽种的树种，在未来的一百年后，还是没有价值，须要把它砍掉，那这棵树宁可现在不种；如果所栽种规划的庭园，在未来一百年后，不能让后人想去参观或保留，那这个庭园宁可现在不要去建设它。”

这位企业家是用未来一百年后的心态，来看待现在的投资决策。凡是把事情拉到一百年后(未来+长线)来看待，就容易用平心静气的心态来看待目前的投资对象，如此帮助我们做出正确的投资决策。

“月亮跟着我们的脚步走，遥远(贵重)的东西是不急迫的。”

以长线心态来看，我们观察到身边很多成功的投资者，他们不是拥有自己企业上市的股票，就是拥有很多房地产。为何他们这种投资行为可以成为富人？

对于这两种投资对象，投资人抱以长线投资的心态，长线投资的心态正是他们可以实现成功投资的重要原因之一。

因为相对于每天在股市进进出出的投资人，拥有自己企业的股票和拥有房地产，更能以长线思考逻辑的角度，不因为市场价格的涨跌左右他们的投资准则，改变他们的投资对象，也因此获取较高的报酬。相比之下，短线投资者的获利通常少很多。

当投资者看重某个企业的股票，并遇到合适的投资时机，例如当股票价格远远低于企业价值时，应该毅然决然地大胆买入。之后要做的，便是以长线投资的心态“等待”和“坚持”，打消外部的各种干扰，直到这只股票价格暴涨的那天。

“自古不谋万世者，不足谋一时。”

用长线的心态和未来的眼光来看待人生，又何长不是如此？如果我们用“很长线”（好几代）和“很未来”看待人生的修行，不是用一时，而是用万世来看待人的一生，跟我们目前对人生的看法会有哪些不同？

现实生活中，有些人，出生条件不好，运气也差，赚的都是辛苦钱，过着艰难的日子。

相对有些人，出生命佳，可以用钱赚钱；不然就是运气特别好，很容易就赚到钱，生活中吃的是燕、鲍、翅，住的是豪宅，开的是名车，日子过得很舒坦。

乍看起来，这个世界好像很不公平。

有些人出生条件和运气不好，过着艰难的生活；

但有些人出生条件和运气都好，过着轻松悠闲的生活。

其实这两类人都是用一世（短线）的心态，看待当下时点的状况；用短浅的目光注视和判断所处的生活境地。

假设这个世间是有轮回的，许多动物经由修行，未来可以出生成为人，人再经过多世的修行，未来可以成仙。我们若用万世（长线）修行的心态来看待人生，其实人生是一场长期的修行，其修行的困难度，好比学生参加英语等级考试，他们总是从最容易的 1 级考试开始，通过 1 级考试后参加 2 级考试，逐级增加难度，最后完成难度最高的 6 级考试，成为英语专业的高手。

人生的修行，类似英语考试，由最简单的第 1 世开始，也就是由最好的“命”和最好的“运气”开始，如果在那么好的命和运气之下，还是要胡作非为，不能善终，那么他就必须再从第 1 世或动物阶段重新修行。唯有得到善终之后，才可能进入下一世，到第 2 世的人生中继续修行。随着 1 世、2 世、3 世……的递增，一世比一世难修，但都要完成善终。最后，经由很多世代的苦难修行，才能成仙。

佛曰：

“佛是过来人，人是未来佛；佛也曾如人般天真。”

所以，当看到命和运比我们还要惨的人，请不要鄙视他，因为我们的好日子，他已在前几世就修过了，他目前已在修行更高的层次，越来越接近佛；当看到命和运比我们还要好的人，也不要羡慕他，因为他的好日子，我们已在前几世就修过了，他目前只在修行我们已修过的低阶层次。

要以佛的眼光(未来)来看待人(现在)，而不是以动物的眼光(过去)来判断人(现在)。

由此看来，那些一步一个脚印赚取辛苦钱、白手起家的人，他们所经历的修炼和成长阶段，反而比一出生就很有钱和靠运气赚钱的人，层次要高；看似命坏的人，其实他们更接近人生修行的最高层次，离成仙愈来愈近。

所以，当发现我们的出生条件不如人，运气很差，常常踫壁时，请不要气馁，因为那代表我们目前在修行高层次的人生；当发现我们的出生条件比人佳，运气特别好，常常有天上掉下来的礼物时，也不要太张扬，因为那代表我们还在修行低层次的人生。

对待日子比我们过得困苦的人时，要懂得尊敬他；

对待日子比我们过得更好的人时，不要羡慕和嫉妒他。

请用长线的心态和未来的眼光看待我们的人生。

这些长线的观念，是不是跟我们目前的人生看法不同？

第十一章　创富投资结果=胜算率×乘数效果

胜兵先胜而后求战，败兵先战而后求胜。

创富投资中，投资输赢由什么决定？赚小钱和赚大钱由什么决定？在投资领域中，产出投入和报酬风险是两个最常见的投资观念，很多书籍都谈论到，我就不再赘述。另一个投资逻辑是胜算率×乘数效果，即“投资结果”是由投资“胜算率”和“乘数效果”两者所构成的。投资行为最终产生投资的胜败结果，以及投资结果的大小，取决于胜算率×乘数效果。

第一节
胜算率

投资胜算率决定了投资结果的“胜”或者“败”，衡量着投资成功的可能性。

当投资胜算率>50%时，该投资具备了“胜”的基础；而当投资胜算率<50%时，该投资将以“败”告终。极端情况下，必然成功的投资，其投资胜算率为100%；必然失败的投资，其投资胜算率为0。

通过下面几个例子，我们来更直观、更形象地了解到底什么是胜算率，胜算率的作用有多大。

赌场庄家赢赌客的胜算率真的只有20/38吗？

如果有机会到赌场，试试赌运，请留意赌场公告的注意事项。我们会发现一般正规赌场的共同声明：

“赌场的胜算率为($\frac{20}{38}$)，赌客的胜算率为($\frac{18}{38}$)。”

($\frac{20}{38}$) = 52.63%，($\frac{18}{38}$) = 47.37%。也就是说，赌场的胜算率比中间值($\frac{19}{38}$)(即50%)多了($\frac{1}{38}$)而已；而赌客的胜算率比中间值($\frac{19}{38}$)(即50%)少了($\frac{1}{38}$)而已。

赌场和赌客的胜算率只相差微乎其微的($\frac{2}{38}$)(即5.26%)，但为什么赌客却陷入“十赌九输”的困境呢？

如果以为庄家仅仅是想赢取($\frac{20}{38}$)和($\frac{18}{38}$)之间($\frac{2}{38}$)(即5.26%)的胜

算率差距，那就大错特错了！赌场是想借用胜算率加以乘数效果，把赌客的钱全部赢光！

（$\frac{18}{38}$），这是赌客只赌一次的胜算率，与赌场的胜算率（$\frac{20}{38}$）相差无几，只差（$\frac{2}{38}$）（即5.26%）。但是，赌客进入赌场后通常不会只赌一次！假设赌客赌了300次，则 $(\frac{18}{38}/\frac{20}{38})^{300} \approx 0$。也就是说，赌客的胜算率，由赌一次时的（$\frac{18}{38}$）（即47.37%），逐次降低，赌了300次以后，胜算率最终降到几乎等于0，只要赌久之后，就会输光几乎所有的钱。

“胜算率”加以“乘数效果”的作用，使得原本小于但接近于50%的胜算率（只赌一次），经过 $(\frac{18}{38}/\frac{20}{38})^{\infty}$（赌很多次）之后，胜算率趋于0；使得原本大于但接近50%的胜算率（只赌一次），经过 $(\frac{20}{38}/\frac{18}{38})^{\infty}$（赌很多次）之后，达到最大化。这就是赌场中“十赌九输”的原因所在。

那么，当赌客的钱输得所剩无几时，他们为什么仍会坚决守在赌桌边，下更大的赌注，期待在下一把赌局中能将输掉的钱全部赚回来？因为，在赌客心中，他们总是自认为，下一把的胜算率会超过50%。殊不知，胜算率讲的是赌博的全过程，而非仅仅一次，只有全过程的胜算率超过50%，才是真正的“胜算率超过50%”。而事实上，赌客在全过程的胜算率却是小于50%的，当赌局数不断增加时，在“乘数效果”的作用下，胜算率只会向0无限趋近。

赌场和赌客的胜算率例子告诉我们，想要成功地投资，关键要努力提高自己的投资胜算率，1%、1%地慢慢增加，直到有天超过50%。当投资胜算率超过50%后，随着胜算率的不断提升，投资人可以大胆押注。而当投资胜算率低于50%时，投资人应该不做投资动作，或仅仅少量投资，当作练习成本。

每天多努力一分和多懒惰一分，差别有多少？

多努力一分和多懒惰一分，看似只是增加1%或者减少1%，但这1%的变化会决定胜算率的大小，并且日积月累，在“乘数效果”的作用下，努力和懒惰的差距有天壤之别。

如果我们每天比别人多努力1%，经过365天，1年后的收获 = $(1.01)^{365} = 37.78$ 倍。

如果我们每天比别人多懒惰1%，经过365天，1年后的收获 = $(0.99)^{365} = 0.025$ 倍。

可见，“每天比别人多努力1%”与“每天比别人多懒惰1%”，1年以后的差距是1480倍（37.78/0.025）！

如果每天再多努力1%，用公式表示即为 $(1.02)^{365} = 1377$ 倍。可见，1年中多两分努力，得千倍收获。

如果多一分努力的同时，也多一分懒惰，用公式表示即为 $(1.02)^{365} \times (0.98)^{365} = 0.86$。可见，只多一点懒惰，就会亏空千倍成就。

人和人的基因差距仅仅0.01%，为何几十年后差别巨大？

看看猩猩和人的基因（DNA）差异。

2005年，美国黑猩猩测序与分析合作组织（Chimpanzee Sequencing and Analysis Consortium）首次得到黑猩猩的基因组。研究人员对比人类和黑猩猩的6.4万种基因片段，发现两者之间的相似度高达98.77%，差距只有约1.23%而已。

500万年前人类和黑猩猩从共同的祖先中分离出来，以仅仅1.23%的遗传差异（胜算率），走上不同的进化道路。但是，哪怕两者只相差1.23%，经过几千万年的演变（乘数效果），彼此在脑力的发达程度，以及生活、科技、文化、文明等方面的差距，居然有天壤之别。

为何500万年前的一个小小差异（1.23%），能造成500万年后的巨大差别？想象一下，黑猩猩的基因中，如果多一个小小的功能基因，让它学会讲话或具有制造工具的能力（多提高胜算率超过1.23%），或许它们今天就是人类的强劲对手！

再来看看人和人的基因差异。

2001 年 2 月 12 日，国际人类基因组的研究成果公诸于世——人与人之间基因密码的相似程度高达 99.99%，差异仅为 0.01%。

人和人在遗传基因上的差异，比黑猩猩和人类的差异又小了很多。这也可以解释，在学生时代，同学和同学之间并看不出明显差异。但经过几十年的演变(乘数效果)，同学中的少部分人会脱颖而出，人和人在学历、事业、财富、文化素养等方面的差距，居然有天壤之别。

为何人和人之间几十年前的一个小小差异，却能造成几十年后的巨大差别？人生发展的起步阶段，例如学生时代，决定了个人发展起点的“胜算率”，差异可能并不大，有些为 49%，有些为 51%，都在 50%上下。但跨出对的第一步，即胜算率>50%，是成功的开始。

而之后的二三十年，决定的是个人发展的乘数效果，长期的累积便可能造成巨大的差别。

这也就是为什么，很多人在学生时代，不觉得自己的同学或室友(例如巴菲特、李嘉诚、乔布斯、马云等)有多伟大，但几十年后，他们却成为很多人崇拜的对象。

第二节

乘数效果

投资胜算率决定了投资结果的胜或者败，乘数效果决定了投资胜败的累积量有多大。乘数效果能够使得一个微小的变化，经过不断放大，对其未来状态造成极其巨大的差别。

因此，对于投资胜算率>50%的投资，乘数效果会创造最终的成功，要加大乘数效果，以得到投资结果的最大化；对于投资胜算率<50%的投资，乘数效果会导致最终的失败。

做任何投资决策之前，我们都要问自己：

“这次的投资胜算率是否超过 50%？”

如果发现胜算率低于 50%，则应立即放弃投资。如果发现胜算率达到 50%以上(胜算率越高越好)，则应设法借由乘数效果的指数成长速度，尽可能让胜算率变得更高，创造最大的投资结果。

混沌效应的产生，如何用“胜算率×乘数效果”来解释？

1963 年，美国气象学家爱德华·诺顿·罗伦兹(Edward Norton Lorenz)提出“混沌理论”(CHAOS THEORY)，解释了决定系统可能产生随机结果。初始条件十分微小的变化，经过不断放大(乘数效果)，对其未来状态会造成极其巨大的差别。

尤其是在乘数效果的作用下，乘数超过 23 次之后，会变成巨大的量，此时，2^{23} = 8388608 倍 。

爱德华·诺顿·罗伦兹发现，简单的热对流现象居然能引起令人类无法想象的气象变化，产生所谓的蝴蝶效应：

“中国北京的一只蝴蝶振动翅膀，产生的振幅经过 23 次以上的正循环，即 2^{23} ，它就有可能形成美国加州的大风暴。”

这是乘数效果的具体作用。

一次性获得 1 个亿和今天只获得 1 元，但在之后的 30 天中，每天获得 2 倍于前一天的钱，选择哪个？

如果有两种投资选择摆在你面前：

其一，今天可以选择一次性获得 1 亿元；

其二，今天只获得 1 元，但在之后连续的 30 天中，每天可以获得 2 倍于前一天的钱，也就是 1 元、2 元、4 元、8 元……

做怎样的投资决策？

乍一看，很多人会选择一次性获得 1 亿元。

事实上，在乘数效果的作用下，第二种选择可以获得更多的钱。

第二种选择的情况下，前后共 31 天，总共可以得到的钱是 $1+2+\cdots+2^{28}+2^{29}+2^{30}=21.47$ 亿元，远大于 1 亿元，因为 2^{30} 是很大的数。

从这个极端的例子可以看出，第二种选择的起步虽然只能拿到 1 元，但经由一连串的滚动（乘数效果的指数成长速度），最终可以累积到 21.47 亿元。而第一种选择的起步就是 1 亿元，但因为没有乘数效果的作用，最终还是 1 亿元。

可见，投资的重点，不在于投资人有多少本钱可以做投资，而是投资人有没有抓到乘数效果的指数成长速度机会。

第十二章　调查报告与研究报告

一级混沌系统，不会因为预测而改变；

二级混沌系统，会受到预测的影响而改变。

历史是二级混沌系统，因此就永远无法准确预测。

创富投资中，应着手的，是调查报告还是研究报告？创富投资市场的未来走势，是属于二级混沌系统，会受到投资大众预测的影响而改变，因此永远无法准确预测。

同样以股市为例。

“人民币贬值，股市怎么走？”

“GDP 下降，股市怎么走？”

“英国脱欧，股市怎么走？”

“川普上任，股市怎么走？”

“中美贸易战，股市怎么走？”

外界每每有一点风吹草动，投资人会纷纷来询问我的看法。我无从回答，这些提问均是基于这样的假设：其他条件都不变，除了所发生的那种现象。事实上，股市涨跌是各种因素综合作用的结果，并非单单人民币贬值能决定，也非单单川普上任能左右。

第一节

股市是二级混沌市场

我们的生活环境是一个混沌系统，或许很多人并不知道，混沌系统有一级混沌和二级混沌的区别。两种混沌系统最显著的差别在于，一级混沌系统“不会因预测而改变”，而二级混沌系统“会受到预测的影响而改变”。

在一级混沌系统中，系统变化的结果是可以预测的，正如前文所说的自然科学领域，在那里，1+1 必然等于 2。并且，当测量仪器的精度不断增加、计算方法不断加强时，对一级混沌系统进行预测的结果，其准确度可以不断提升。因此，通过实验过程陈述事实，撰写调查报告，就能把一级混沌系统研究透彻。

例如，用尺丈量柜子的宽度，如果这把尺的最小刻度单位是厘米，测量结果只能是 95 厘米；如果尺的最小刻度单位是毫米，测量结果就可以精确到 95. 2 厘米；如果尺的最小刻度单位是微米，测量结果的精度则能提升到 95. 24 厘米。这是一个一级混沌系统，柜子的宽度是不会轻易改变的，但宽度的读数，受到丈量工具精度的影响。

再如，气象报告未来几天的天气预测，或对未来台风形成、走向的预测，这些天气变化和台风路径的走向预测，不会受到仪器和人为预测而改变，会因仪器的精密度增强、人为经验值的提高，让预测更加准确，这也是属于一级混沌系统。

又如，医生诊断儿童感冒的感染源时，会要求小病人验血。如果单看白细胞指标，医生做出的推断是——白细胞数量大于 1 万，提示儿童有细菌感染，需要使用抗生素；白细胞数量低于 1 万，则是病毒感染。然而，有些情况下，白细胞特别高未必是因为细菌感染，要进一步查看中性粒细胞指标——中性粒细胞指标高于正常值时，才说明是细菌感染，不然可能是其他病因。如果要进一步提高判断精确度，可以查看 C 反应蛋白指标，该指标比白细胞敏感，比白细胞出现的时间要早，如果 C 反应蛋白指标高于正常值，则可验证儿童感冒是细菌感染造成的。不同的检验指标，可以看作不同的计算方法，当医生使用多种检验指标判断病因时，则是在不断加强计算方法，使得判断的结果更精确，更符合实际情况。儿童感冒的病因在短时间内不会改变，处于一级混沌中，不断加强计算方法，就能让预测结果的准确度不断提升。

在二级混沌系统中，系统的变化结果，更受制于系统内各参与者心理变化的影响。正如前文所说的社会科学领域，在那里，1+1 未必等于 2。因此，二级混沌系统中，预测是无效的，要提升结果判断的准确度、提高胜算率，必须通过观察、描述、解读、推论、判断等步骤，综合考虑各项影响因素，撰写研究报告，才能把二级混沌系统的研究做到位。

经济周期的波动、行业特性的改变、货币流动性的张弛、企业盈利能力的转变、政府指导方针的调整、市场负面消息的传播等等，成百上千的因素都会对投资对象造成各方面的影响。除了这些客观原因，投资人心理状态的变化，更是深深影响着投资对象的走势。投资市场是一个二级混沌系统，人类对二级混沌市场并没有预测力。若是假设其他情况不变，探讨单一因素对投资对象的影响，是不实际的，判断结果是有严重偏颇的。投资市场是非常复杂的事实，很容易受到市场各种因子的影响，容易受到非规律性因子的干扰，甚至是诱骗，投资人必须做好充分准备，从各方位进行全面研究取得研究报告，而不是仅仅完成传统的调查报告。

因为客观世界充满了规律性，主观思维才具有逻辑性。在投资世界的立足，就是要充分排除投资领域非规律性的因素，并找出其规律性，用投资领域的规律性来引导投资人思维的逻辑性。投资人思维的逻辑性越强，受非规律性因子干扰和诱骗的可能性就越低，投资成功的可能性就越高。

以前有位企业界的大老板和我一起打球时，跟我说有位金融界的经济专家要到公司跟他报告明年的经济预测走势，问我的看法如何？我开玩笑地回答，若这位金融界的经济专家能够预测明年的经济走势(二级混沌系统)，那坐在办公室里听报告的人就是这位经济专家，而不是你这位大老板了。

同样，如果有人问我："联发科还能不能买？"我没有看到客观世界的规律性，如何用主观世界的逻辑性来回答呢？

如果提问的人能告诉我，未来联发科能在哪些领域有所突破、推陈出新，那么我可以根据联发科发展轨迹的规律性，有把握地整理出具有逻辑性的解答。

在股市投资中，研究企业价值就是在寻找企业发展的规律性。专业投资人的执行步骤是：

1. 形成自己的投资观念、概念、理论、逻辑；

2. 形成自己的方法论；

3. 形成自己的结构化知识；

4. 实操，买入或卖出。

以新能源汽车概念股为例，对应上述步骤，专业投资人的做法是：

1. 掌握新能源汽车的概念；

2. 选定一种方法论来解剖新能源汽车概念股的企业价值，比如依次通过“产业趋势-商业模式-人力资源”三个方面（具体内容可参考作者编写的《股票投资实战分析》一书），来剖析企业价值；

3. 在上述方法论的指导下吸收和整理更多深层次的、结构化的知识；

4. 决定买进或卖出。

而一般投资人习惯的做法是：

1. 了解掌握新能源汽车的概念；

2. 收集相关的片段信息；

3. 决定买进或卖出。

跳跃了关键的“方法论”和“结构化的知识”，一般投资人的做法从“概念”经由“片段信息”而进入“实操”，由此做出的判断不牢固，成功的结果也属偶然。

第二节

从"数据"到"洞察力"

知识的深浅，依层次可分为四个层级，分别为：

数据(Data)→

信息(Information)→

知识(Knowledge)→

洞察力(Insight)。

投资人最初接收到的数据(资料)，经过"筛选"，排除无用的，留下有用部分，便得到信息。信息经过"审问"——深度的提问和再回答的过程，可以变成知识。知识经过"思考"的内化过程，最后得到洞察力。

调查报告的重心在数据和信息，而研究报告的重心则在于知识和洞察力。若要将"数据"和"信息"转换成为"知识"和"洞察力"，从调查报告进阶到研究报告，这是一个很大的跨越，是一个质的飞跃，成就该飞跃的推动力就是转换力。

为什么只有小学学历的企业家，在投资领域中往往胜过博士生？

为何社会上很多学历不高的企业家，在投资领域中往往凌驾在许多高学历毕业生之上？

只有小学学历的企业家，虽然在数据、信息的收集和学习上，在写调查报告的能力上，远远比不上博士生，但只要他的转换力足够强，就能把小小的数据和信息转换成知识和洞察力。

相对于很多从小一路好成绩的硕士、博士，他们虽然拥有很多的数据和信息，但他们中的许多人，转换力几乎等于零，难以产生洞察力，更是写不出研究报告。

事实上，我们都知道，投资要正确，企业经营要成功，靠的不是数据和信息，靠的是洞察力。决定投资成败的最重要因素，往往是投资人深思熟虑并内化后的洞察力。

随着科技的发展，计算机、手机、互联网的普及，数据和信息的取得越来越容易了。古代科举制度，考生必须熟背儒家思想的经、史、子、集，甚至唐诗三百首，如今，只要用手上的手机，轻轻滑一下屏幕，就有数据和信息了。但是，目前的教育重视学历、轻视转换力，在教学评估的过程中，又集中在数据和信息，而忽略洞察力的培养。

针对元太宗窝阔台的考题，中国和国外分别会如何出题？

例如，同样是针对元太宗窝阔台的考题，传统教育和先进教育分别会如何出题？

依传统的教育方式，出的考题是：

“请问元太宗窝阔台最后战死在中国的哪一个地方？”

而先进教育机构出的考题可能是：

“当年蒙古大军已抵达维也纳，如果当时元太宗窝阔台没有战死，蒙古大军没有东归，今天的欧洲会如何？”

这是两种思维完全不同的考题，一个考查学生对资料的记忆力，另一个则在考查学生对过程演变的洞察力。

又如，有家大企业引进一条香皂包装的生产线，使用后发现，这条生产线有个缺陷，经常有盒子没装入香皂。空盒子总不能卖给顾客吧。老板只好请来主修自动化的博士，请他设计一个方案，把空的香皂盒，分拣出来。

于是，自动化的博士组织起一个多人的科研小组，综合采用机械、微电子、自动化、X线探测等技术，最终花费900000元，成功研制出空盒探测器并解决了问题。每当生产线上有空盒通过，生产线两旁的探测器会检测出空盒，并且驱动一只机械手推走空盒。

有家乡镇企业购买了同样的生产线，老板也发现了同样的问题，大为光火。于是找来小学毕业的农民工说：

“你给老子把这个搞定，不然给老子下岗。”

农民工很快就想出办法，花费200元，在生产线旁添置一台大功率电风扇猛吹，空盒都被吹走了。

乡镇企业农民工的做法和大企业自动化博士科研小组的做法，取得了一样的结果，但后者的成本只有前者的 $\frac{1}{4500}$。

用数据和信息堆砌的调查报告并不一定都能变成生产力。高学历的人，并不一定能靠洞察力写出研究报告。但从投资的角度而言，再多的数据、信息、知识，如果不能转换成洞察力，如果不能写成研究报告，那一点用都没有。就像足球比赛一样，众人把足球踢到球门口，但球进不了门，还是零分。

第三节
从“事件”到“系统”

人类的思考层级可以归纳为：

时间(Event)
↓
功能(Function)
↓
组织(Organization)
↓
策略(Strategy)
↓
系统(System)

事件(Event)，是最表层的，调查报告描述的就是事件。如果从单一事件的角度出发看问题，常会局限于事件表象，由果及因，迷失在“头痛医头，脚痛医脚”的混乱中。

系统(System)，是最深层的，研究报告讨论的就是系统。如果从整体系统的角度出发看问题，能够把整个系统看得清楚，提高成功率。

黄石公园清灭了部分吃掉麋鹿的野狼后，为何麋鹿更少？

举个例子来说，美国黄石公园的警察局发现，公园中的麋鹿正在逐日减少。找了许多专家学者来研究其中的原因，结果认为是因为公园中的野狼把麋鹿吃掉了(从事件出发)。于是，警察局找来几位猎人前去公园消灭部分野狼。

可是，野狼数量减少后，发现麋鹿消失得更快！进一步研究才发现，野狼除了捕食麋鹿，还会捕食公园中的水獭。野狼减少了，造成水獭数量快速繁殖，水獭会用长指甲刮去白杨树的树皮，而树皮正是麋鹿的食物，水獭的大量增加导致麋鹿因饿死而更快减少(从系统思考)。

若只从单一事件思考问题，就很容易犯了迷思，因为很多投资事件的发生，通常不只是"单一事件的影响"这么简单，很多事件是互相间彼此影响的。就如小故事中，狼不只会吃掉麋鹿，狼也会吃下水獭，而水獭的数量又会影响麋鹿的生存空间，一环扣一环。

从单一事件(Event)角度思考会常犯迷思，因为很多投资事件的发生，通常不只是"A 事件影响 B 事件"这么简单，很多事件是互相间彼此影响的。就如小故事中，狼不只会吃掉麋鹿，狼也会吃下水獭，而水獭的数量又会影响麋鹿的生存空间，一环扣一环。

若从单一事件(Event)角度思考投资决策，常会发生头痛医头、脚痛医脚的状况，导致错误的投资判断。若能更深层地从系统(System)角度，考虑每一项事件与投资决策之间相关的重要因素，彼此之间的关联性，则会把投资成败的原因看得更清楚，豁然开朗。

在投资界，就是要把思考层级从最表层面事件(Event)提升到最终层面系统(System)，要从调查报告提升到研究报告，考虑每一项事件与投资决策之间相关的重要因素，彼此之间的关联性，把投资成败的原因看得更清楚。

创富投资人的成功，多数会从整体系统的角度全面思考，比较不易受到单一事件的影响，而改变其投资决策。

第四节

从“博学”到“力行”

投资的步骤可以分为：

博学（广度）
↓
审问（深度）
↓
慎思（纯度）
↓
明辨（准度）
↓
聚势（杆度）
↓
力行（力度）

《中庸》（第二十章）中提到：

“博学之，审问之，慎思之，明辨之，笃行之。”

讲的是儒家精进学业、修养人格的功夫。

南怀瑾先生在《论语别裁》中说道：

“博学不一定有用，博学要笃志，有个中心，意志坚定，建立人品。那么知识渊博，有如一颗好的种子，意志的坚定是肥料，培养出花和果来。”

古人的智慧，其大意是说，要博学多才，就要对学问详细地询问，要彻底地搞懂，要慎重地思考，要明白地辨别，要彻底地力行。

不学则已，既然要学，不学到通达晓畅绝不终止；

不求教则已，既然求教，不达到彻底明白绝不终止；

不思考则已，既然思考了，不想到一番道理绝不终止；

不辨别则已，既然辨别了，不达到分辨明白绝不终止；

不做则已，既然做了，不确实做到圆满绝不终止。

作为现代投资人的我们，这些前人的智慧精华，对投资要诀有哪些启发性？投资是要有顺序性、步骤性的，并不是看到投资对象，就开始思索是否投资。如果如此，那就是“败兵”的行为。

那么，创富投资步骤应该如何进行？

第一，博学。首先要追求投资对象相关知识的广度。例如，想发现黄金，就必须到处调查分析，分析哪些地方比较可能埋着黄金。这样的调研可以帮助投资人提高胜算率。

第二，审问。其次要追求投资对象的相关深度问题，在重复地问和答的来回过程中，得到更加深入的真实答案。如先前已发现可能埋有黄金的地区，则必须深挖，才可能挖到黄金。在既有基础下的深挖，又可以更深入地提高投资人的胜算率。

第三，慎思。另外，做了投资对象的广度调研及深度了解后，再过来就必须慎重思考投资的利弊得失，并深思评判投资胜算率的效果有多大。正所谓，胜兵是先胜而后求战，想好了，再出兵打仗。

第四，明辨。有了广度、深度和慎思后，必须开始辨别，哪些投资对象可以投资（投资胜算率高）；哪些投资对象不能投资（投资胜算率低）。辨别好了，仗就可以开打了！后面的战事只是用来检验当时的博学、审问、慎思、明辨等各个阶段的基础工作是否落实完备。

第五，聚势。由于本身内部的资源有限，外部的资源无限大，要懂得善用外部资源（加大乘数效果、增加累积量）。阿基米德曾说：

“只要给我一个支点和一根足够长的杠杆，我就能撬起整个地球。”

投资报酬要大，则要寻找杠杆点（解）。

懂得善用各种内、外部的资源，可以得到事半功倍的效果。借由博学、审问、慎思、明辨，阶段性地提高“胜算率×乘数效果”（聚势）的加乘作用，不只是以一赚一，更可以以一赚十，以一赚百。

第六，力行。前面的5个步骤都做完了，仗就打完了，后面的战事（力行）只是用来验证这5个步骤做的是对是错。只要前面的5个步骤都做对了，后续的工作就是执行(Action)，勇敢、彻底地执行。

投资决策，乍看好像很简单，就是做“力行”这个动作，也就是出钱投资。但是为什么很多人投资都失败了？

因为他们殊不知，最终要做好“力行”这个动作，事先必须把前面5个步骤都做好，并且这5个步骤是具有顺序性和连贯性的。只要其中有一个环节出错，就有可能造成投资失败。

如此看来，投资要做得好，就变得很不简单了。

简单的投资(力行)之所以不简单，也就是舍弃一切复杂的表象，直指问题的本质。这种思维之所以可贵，是因为许多投资人往往自以为掌握很多投资信息，而喜欢不按步骤地做事情，只往复杂处去瞎想。其实，想法和做法必须有步骤性和连贯性，不是信息越多越好，而是要把投资信息按照“博学→审问→慎思→明辨→聚势”的步骤，一层层地实现，一直引导到“力行”(进行投资)。

常听投资人说，做投资要有胆识，但是必须要先有识(博学、审问)才能有胆(力行)。

如果只有“胆”没有“识”，只能算是匹夫之勇。

只有“力行”，没把“博学、审问、慎思、明辨”先做好，其投资模式就是败兵的行为。真的遇到好的投资机会时，因为本身的不了解(没识)也只敢做做小投资(没胆)，不敢大胆押注。

只有把“识”(博学、审问、慎思、明辨)做好了，等到投资机会来临，才有辨别力、判断力，才敢举起杠杆(聚势)，把大量的投资资金大“胆”(力行)地投进去。大押的结果，才可能大赚。

德国发电机专家在发电机出问题的部位画了一道线，为啥值10000美元？

《老同志之友》杂志曾报道：

美国一家大汽车公司中，一台大型发电机突然发生故障，不能正常运转。公司的工程师们花了三个多月的时间寻找问题根源，还是没有找到。最后，他们求助于德国著名发电机专家。

这位德国发电机专家经过一番观察和测算后，用粉笔在发电机外壳的某处画了一道线，说：

“请打开发电机，把做记号的地方，线圈减少 16 匝。”

工程师按照他的说法做了，发电机果然恢复正常。

这家美国汽车公司问德国发电机专家，要付多少报酬，专家要了 10000 美元。有人批评专家简直是勒索，难道画一条线，就值 10000 美元？

德国专家回答：

“用粉笔画一条线，值 1 美元，判断在什么地方画线，值 9999 美元！”

在“博学→审问→慎思→明辨（决定胜算率）→聚势（决定乘数效果）→力行（画线）”的过程中，力行（画线）仅值 1 美元，而明辨（胜算率）×聚势（乘数效果）（判断在哪里画线），却值 9999 美元。

数据（Data）和信息（Information）的价值是极为有限的，知识（Knowledge）和洞察力（Insight）才是有价值的。换言之，不需要判断力的东西，价值不高。

第十三章　投资心态与投资理论

投资获利，不在其心(心理)，而在其行(行为)。

重行不重心，投资才能理性，理性投资才能获利。

创富投资中，理论重要，还是心态重要？投资人应该做止损的动作吗？

投资是否获利，除了与投资人的智和慧、认知能力和感知能力有关，还有一个重要的决定因素，那就是——投资心态。

投资心态是由心理层面主导的投资行为，投资人会采取怎样的行动，往往不只依投资理论而行，更取决于其心态的变动。

一般的投资人，其行为(实际投资作为)会跟随心理(心态)的改变而变化；成功的投资人，要学习控制本身投资行为(行)不易受心理(心)的影响。

创富投资是一件简单却难做的活，投资的道理和逻辑，简单易懂，不难学习，但实际执行起来却很困难。主要原因则是，在原本理性操作的过程中一直存在着“人心”的干扰。现如今，很多投资人看了大量投资大师，如巴菲特、彼得·林奇(Peter Lynch)、李嘉诚等的传记、投资方法，但却无法跟这些大师一样做出优秀的投资判断。其原因乃是，投资人即使学会再多的投资理论，但未必拥有这些大师的成长历程、投资心态，其对投资心理的掌控程度未必能和巴菲特等大师相比。也就是，这些大师可以气定神闲“重行不重心”地投资，而一般投资人却老是做出情绪化“重心不重行”的投资行为。

创富投资中，有些投资者踏浪而来，有些投资者骑马而归，日复一日，随波逐流，在低位把绝望变成遗憾，在高位把希望变成懊悔。到底错在哪里？

以股市为例，技术派说：

“我被超卖形态洗盘出局，但又在下一个超买形态中被高位套牢。”

消息派说：

“我得到消息晚了，它已经涨了起来，不敢追。”

投资是人和人的博弈，投资输赢的关键在于心理状态。虽然投资理论成千上万，然而，真正主宰投资者的，是投资心态，投资心态甚至凌驾于一切投资理论之上。

第一节
理性决策战胜感性影响

人一生的投资路途中，投资决策总会受到理性决策因子和感性影响因子的综合作用。理性决策因子帮助投资人从正确的逻辑思考角度出发，判断投资决策；感性影响因子是干扰因子，扰乱投资人的逻辑思考方式。创富投资人要用智慧增进自身的理性决策因子，并排除感性影响因子，这往往是要靠心性的修行，并非只靠能力就可及。

例如，股市投资中，对于短期的涨跌，有90%的投资人受困于感性影响因子——心理因素，这些股市投资人的心理状态决定了股市中短期的走势。然而，决定股市长期走势的关键，是股票所对应的企业价值，这便是理性决策因子，而这一点却被大多数投资人忽略。投资股市时要避免心理因素的影响，加强对企业价值的思考。

在投资判断上，情绪化是很要不得的致命伤，不要让情绪化影响了投资的目标性。真正的武林高手，在学武的过程中，往往要武功秘籍和经书共修，修身同时修心，否则容易走火入魔。

“一屁过江来”的故事或许能有趣地阐明上述道理。

当年苏东坡反对王安石变法，被贬到瓜州(现扬州)出任闲职。他经常和长江对面金山寺(现镇江)的佛印禅师参禅论道。

有一天，苏东坡灵机一动，做了一首诗：

“稽首天中天，毫光照大千。

八风吹不动，端坐紫金莲。”

所谓八风，是指“称、讥、毁、誉、利、衰、苦、乐”等8种境遇。人在遭受这些境遇的时候，往往不能平心静气，稳守心道。苏东坡认定自己已朝向平心静气、稳守心道的目标(八风吹不动)修行前进，并自觉自己这首诗写得很不错，于是满心欢喜地派人渡江送到佛印那里，希望得到他的称赞。

佛印看到诗词后，在诗上批了两个字：

“放屁”！

再叫弟子将诗返送回去。

苏大学士一看这两个字的评语，立刻心中燃起无明火，怒气冲冲地渡江来到金山寺，要和佛印当面理论。

到了金山寺，只见佛印已在寺门口等他，笑呵呵地对苏东坡说：

“八风吹不动，一屁过江来。”

苏东坡马上领会到，他已输了这场辩论了。

苏东坡自称心性修养朝“八风吹不动”迈进了，但佛印的“放屁”两字，就让他之前的修行破功了。佛印用“人身攻击”的方式影响了苏东坡的情绪（扰乱心性），让他忘了写这首诗词的目标性——修行（决策因子）。

儒家（儒）讲究规矩→重点在齐家、治国→用以修炼判断投资对象。

佛家（释）讲究包容→重点在待人、接物→用以修炼观察宏观经济。

道家（道）讲究和谐→重点在修身、养性→用以修炼培养投资心性。

阿里巴巴的马云曾说：

“在中国做企业，需要好的中药，把儒、释、道几家结合在一起，才真正是好的药，否则任何一味药可能都是偏方。”

武侠小说中常提到，古代真正的武林高手，同时双修武功秘籍和经书。如果只勤练武功、不修经书，很容易会走火入魔，伤及五脏六腑、断其筋脉，其所学的绝世武功都是白费！

投资亦同，若只是一味想着投资报酬率（儒）要达到最高，而忽视认真观察外界环境（释）的发展趋势，或是没有培养正确的投资心性（道），即搞混了决策因子和干扰因子，那也只是一帖偏方，服用了，容易走火入魔，倾家荡产。

第二节
止损不止涨

所谓的止损不止涨，指的是遭遇投资对象价格下跌时，例如跌幅超过20%，就要果断撤出止损；而当投资对象价格上涨时，即使涨幅超过20%，仍旧可以继续持有等待，以期待更多的收益。

创富投资为何要做到“止损不止涨”？

以股市为例。在牛市上涨期间，股市大盘往往要经过很漫长的时间，才能爬到一定的高度；但从高点反转下跌的过程中，却往往既急且快，没多少天就把之前那段长期上涨的点数全部抹杀了，很快吃掉所有的利润，甚至本金。

涨的时间长，跌的时间短；快乐时间长，悲伤时间短。

所以，我喜欢研究股市。

为何股市会存在这种现象？

这是因为，我认为人类具有以下两种心理特质：

第一，在形势一片向好时，人们往往看得更好，而形势向着利空发展时，人们往往看得更差。就如古人云：

“多锦上添花者，少雪中送炭人（反而多落井下石）。”

→所以投资人会——追高杀低。

很多投资人常挂在口头的投资理论——买低卖高，通常只是理想状态，这种现象只可能存在于“投资决策不受投资人心理状况影响”的情境之下。现实生活中，大部分的投资人，在这种心理特质作祟之下，经常做出违反投资理论的“追高杀低”。这也就说明了，在股市投资的实际操作中，投资心态比投资理论重要。大家都知道买低卖高（投资理论），但实际操作上都是追高杀低（投资心态）。

第二，看坏时刻（遭遇股灾熊市时所产生恐慌心理）的加速度，远远大于看好时刻（牛市时投资者感觉锦上添花）的加速度；并且，恐慌心理的蔓延度，远远大于锦上添花的蔓延度。

→所以股市大盘会——涨得慢，跌得快。

我曾经到过一个庙宇，地陪导游告知我前面有高、中、低三根石柱。最高的石柱，吸引最多信徒膜拜；最矮的石柱，只有较少信徒膜拜。高、中、低三根石柱分别代表平安、发财和升官。结果，居然发现，信徒膜拜最虔诚的最高石柱是为了保佑平安，而不是升官发财。由此可见，在信徒的心里，第一要务不是想升官发财，而是先要保佑自己和家人平平安安、健健康康。可见，从心理层面上讲，人类是一种防护性很强的动物，遇到任何事情，以先保护自己和家人为优先考虑，而后再求其他发展、追求富贵。

人类的这种本能，表现在股市的投资行为上，就是：

股市下跌的加速度远大于上涨的加速度。

“好事不出门，坏事传千里”，说的就是，恐慌心理的蔓延度要比锦上添花的蔓延度更迅速、更广泛。

“金融市场的投机史和危机史一再重演，主要是因为人类贪婪和恐惧的人性从未改变。”

人类因贪婪而投机，又因恐惧而产生危机感。即使不同时段市场的载体会改变，但贪婪和恐惧的人性不会改变。对应到股市的投资行为：面对股市下跌的恐慌心理(即为恐惧)，投资者们危机重重，这种危机感会迅速而广泛地传播开来；而在股市上涨时，投资者们感受到的是锦上添花(甚至贪婪)，这样的心态反而扩散得慢且走得不远。

正因为人类具有以下两种心理特质：

其一，好时看得更好，坏时看得更坏；

其二，恐慌心理的加速度和蔓延度，远大于锦上添花加速度和蔓延度。

表现在股市的投资行为上，创富投资人就必须做到“止损不止涨”的买进卖出。

那么，投资人要如何做到止损呢？可以从以下两个方面加以训练：

第一，设定大盘跌幅超过15%~25%以上(视个人风险承受力而定)时，强迫卖出手中股票。

投资人一旦看到大盘的跌幅超过15%~25%时，强迫卖出手中股票，这是一个强制性行为，除非可以给出自己“不要卖出”的充分理由。但是当大盘的跌幅真的超过15%~25%时，投资人很容易被赔钱或少赚等理由所牵绊，不忍心下狠手卖出股票。因此，最好的方式就是，事先委托别人来做强制卖出的行动，或是在电脑、手机中做好设定，达到条件便强制卖出。

第二，股票的买进现象(买进理由)消失时，或是卖出现象(卖出理由)已经出现时，强迫自己卖出手中股票。

投资人在买进股票之前，必须写明股票买进时的现象(理由)；并且，在当下也要写下，哪些现象出现时就必须卖出手中股票。若投资人发现买进的理由是误认，或是已不存在了，那就应该果断卖出；或是发现卖出的现象开始出现并且逐步增强时，那也应该要卖出。投资人要懂得“留得青山在，不怕没柴烧”的道理。

第三节
把握期望值与实际值的落差

为什么百货公司平日把商品的价格定得高高的，到了周年庆时，才来个大打折？

在商品定价策略上，消费者心理层面在乎的是相对价位，而非绝对价格。当商品定价远超过消费者的心理期望价格，商品就容易滞销；当商品定价远低于消费者的心理期望价格时，商品就易被抢购。这也就是为什么百货公司平日把商品的价位定得高高的，到了周年庆时，才来个大打折。

百货公司平常的大部分时间在拉高消费者的“期望价格”。等到周年庆时，打折广告一经推出，消费者感觉到商品的“实际售价”比自己的“期望价格”低许多，于是就抢购大买，把原本不需要买的东西也大量买回家，因为他觉得捡到便宜了。

百货公司所做的营销行为就是在平日拉高“期望价格”，创造出“实际售价”和“期望价格”的差异。也因此，百货公司1年中在各庆典的销售业绩有时可以高达到当年度的30%～50%。

举例来说，百货公司的一项商品，刚推出时，商品的实际售价(平日吊牌价)是1000元，而此时，消费者的期望价格可能只有200元。在平日，由于消费者的期望价格远小于百货公司的实际售价，很少消费者会愿意掏钱购买，商品处于滞销状态。

但百货公司在这个阶段所做的营销活动，便是不断拉高消费者的期望价格，从200元一步步拉高到1000元。

到了周年庆的时候，消费者的期望价格已经被拉高到1000元，而实际售价(周年庆折扣价)降到400元。此时，消费者的“期望价格”远大于百货公司的实际售价，顿时觉得商品“太便宜了”，抢购大买。

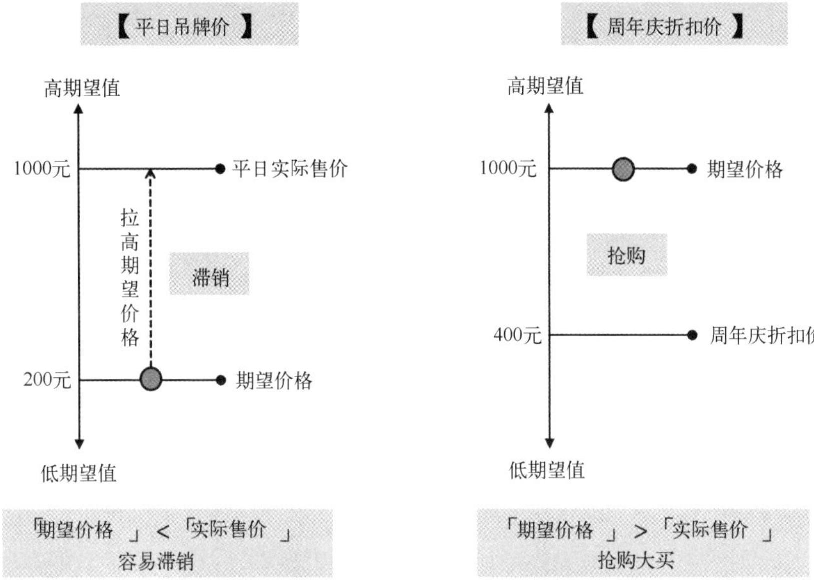

内地消费者为何非常喜欢到香港、欧美国家旅游时采购大量名牌包？

另外，有没有想过，我国内地消费者为何非常喜欢在香港、欧美国家旅游时采购大量名牌包？为何香港、欧洲各名牌店排满了一堆不嫌贵的大陆消费者？他们买的数量也令世界叹为观止，为何会有如此现象？

其道理也是购买名牌包者心理上的相对价位在作祟。根据我的观察，造成大量采购名牌包的原因是，名牌包在大陆的售价很高(拉高消费者的期望价格)，远高于原产国售价的50%～100%。因此，大陆消费者一到国外，看见名牌店的挂牌价格，发现实际售价远低于本身认知的期望价格。本来只想买一个名牌包的，也多买了四五个；本来不想买的，也被感染到(这种便宜现在不捡何时捡?)，去买一两个。有的甚至打电话回国内，询问亲朋好友，要不要也帮他们多带几个。

对于投资而言，投资人也常会被这种现象给迷惑了，以为自己捡到了便宜，其实就如第一章所提，如果没有时时刻刻注意培养感知能力，认知就容易被有心人士操弄。社会上，很多人被诈骗集团所骗，不也是如此吗？诱使我们用相对较低的价格，就可换得他(傻傻那位)手中宝贵的东西。我们以为这是天上掉下来的礼物，到最后，发现自己才是最傻的一位。

很多引诱投资的伎俩是在创造实际投资价格和期望投资价格的差异。例如，某些财经信息或炒手往往提供给我们某只股票未来可达到的价格是40元(期望价格)，而目前只有10元(实际售价)。他们会运用各种手段拉高投资人的期望价格，让我们觉得捡到便宜而买进。

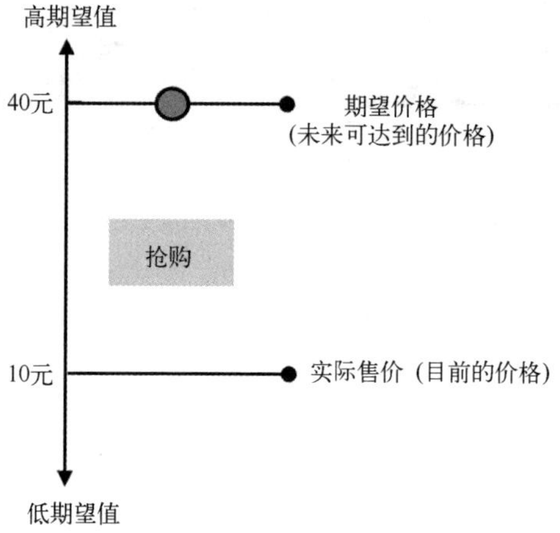

「期望价格」>「实际售价」,买进!

香港一处公寓售价远超该地区一般公寓价格的2~3倍，是如何做到的?

香港某房地产项目位于九龙，据说，该项目的公寓售价远远超过该地区一般公寓价格的2~3倍，而高楼顶上有5个复式空中别墅，最高售价向港岛半山豪宅的价位看齐。该项目为什么能创造如此高价呢?

项目销售时，其周边普通住宅的房价约人民币8万元/平方米，若只想着绝对价格，以此为购屋者的期望价格，该项目永远难以创造高价。而当时香港岛的房价为人民币20万~30万元/平方米，港岛半山豪宅的售价

更是高达人民币40万~100万元/平方米，若以此为期望价格，项目才有机会创造当地的高价。因此，该项目的销售目标是，拉高购买者的期望价格，向港岛半山豪宅的售价看齐。

该项目位于本来只能卖人民币8万元/平方米的九龙地区，但公司希望能卖到香港岛中环地区的价位，为人民币20万~30万元/平方米。

项目经理该如何做？

为了拉高购买者的期望价格，大胆突破，在产品设计上采取以下做法：

(1)港岛半山豪宅的平均高度约300米，该项目的设计总高度约230米，该项目的高度与港岛半山豪宅的高度相似。

(2)该项目位于机场快线站的上边，到机场或是香港市内各地的交通非常便捷。项目的低楼层区域设计有一座综合商场，生活配套齐全，该项目的生活配套设施远比港岛半山豪宅便利。

(3)该项目面对维多利亚港，可以一览维港及港岛的景色。且从该九龙项目地点观赏维港，比起港岛半山豪宅的观赏点，景色反而更加美丽。

(4)位于60楼的宴会厅和阳光早餐室提供高档次的餐饮服务，方便客户的外烩宴请。相较而言，港岛半山豪宅难以提供这类餐饮服务。

(5)在 152 米高层之上(门廊位置)，设有会所和花园，总面积将近 10000 平方米，会所拥有 25 米长的空中标准泳池，以及健身室等设施。泳池大量采用玻璃材料，边游泳边可从多角度俯瞰维多利亚港和香港岛景色。部分空中别墅配备了私人泳池，设有空中花园连接露台，以及玻璃窗天幕。相较而言，港岛半山豪宅的泳池规模很小，并且不能一边游泳一边看景色。

(6)该项目保安设备先进，保证客户的安全性和私密性。相对于港岛半山豪宅，该项目的保安完善很多。

(7)在该项目的标准楼层(位于较低楼层)，设计有数量较多的小户型产品，降低每个单元的总售价。

为了提高购屋者的期望价格，以便未来标准楼层公寓的高价销售，在销售顺序上，该项目采取以下步骤：

(1)先开卖最顶楼 5 户空中别墅，其高度及售价与港岛半山豪宅看齐(人民币 40 万元/平方米)。因为设计上有以上 7 大特点，并且数量有限，空中别墅一推出就迅速售罄。

(2)因总价太高而买不起空中别墅的客户，或是后来的客户买不到空中别墅的，被引导去购买较低楼层的产品。

(3)空中别墅的高单价把公寓客户的期望价格拉高到人民币 40 万元/平方米，这时的购买者不会去跟附近人民币 8 万元/平方米的产品做比较，而会跟空中别墅的单价(人民币 40 万元/平方米)做比较。因此，部分公寓售价甚至高达人民币 26 万元/平方米。并且该项目的很多单元虽然单价高，但面积小，总价低。很多有钱的年轻家庭向往住进这样高档次的公寓，因此吸引不少有钱的年轻家庭前来购买。

这个项目的销售因为思维的改变，大胆突破既有红线(原来人民币 8 万元/平方米的产品设计方式)，不只是思考既有的土地特性，更考虑这块土地以外，各种可能创造高单价的外界环境因素，打破了过去很多建筑师的传统思考范畴，不仅仅着重土地红线内的设计因素，更跨越到土地红线外去思考问题，运用购买者心理上期望价格与实际售价的差异，公司创造出极高的利润。

这位项目经理使用拉高期望值的创新做法，很棒!

购屋者心理层面在乎的是相对价位，而非绝对价格。若在土地红线内思考，该项目最多只能卖到比当地行情(人民币8万元/平方米)高一点即人民币10万元/平方米的绝对价格。但本项目考虑的是相对价位，在产品设计上打破原有思维方式，拉高购买者的期望价格，从人民币8万元/平方米拉高到人民币40万元/平方米，结果把商品卖到人民币26万元/平方米的实际售价。

人的幸福取决于什么?

1988年4月，24岁的霍华德·金森是美国哥伦比亚大学哲学博士，他的毕业论文题目是——人的幸福感取决于什么？为了完成这一课题，他向市民随机做了5200份有效问卷，经过统计，仅仅121人认为自己——非常幸福。

接下来，霍华德对这121人做了详细的调查分析。他发现，这121人当中，有50人是这座城市的成功人士，他们的幸福感主要来源于事业的成功；另外的71人，有的是普通的家庭主妇，有的是卖菜的农民，有的是公司的小职员，还有的甚至是领取救济金的流浪汉。这些职业平凡、生涯黯淡的人，为什么拥有如此高的幸福感呢？通过调查研究得知，这些人虽然职业多样，性格迥然，但是他们具有相同的特点，那就是他们对物质没有太多的要求。他们平淡自守，安贫乐道，很能享受柴米油盐的寻常生活。

这样的调查结果让霍华德得出这样的论文结论：

“这个世界上有两种人最幸福：一种是淡泊宁静的平凡人；一种是功成名就的杰出人士。如果我们是平凡人，可以通过修炼内心，减少欲望来获得幸福；如果我们是杰出者，可以进取拼搏，获得事业的成功，进而获得更高层次的幸福。”

从这个故事我们可以发现：

第一，实际达成目标高于期望值→幸福感。实际达成目标低于期望值→挫折感。

第二，成功人士在想办法拉高实际达成目标，让它远超于自己原定的高期望值，进而获得幸福感。他可以透过进取拼搏，获得事业成功，进而获得更高层次的幸福。

第三，平凡人士则想办法降低自己的期望值，让它远低于自己原本不高的实际达成目标，进而获取幸福感。他可以透过修炼内心，减少欲望来获得幸福。

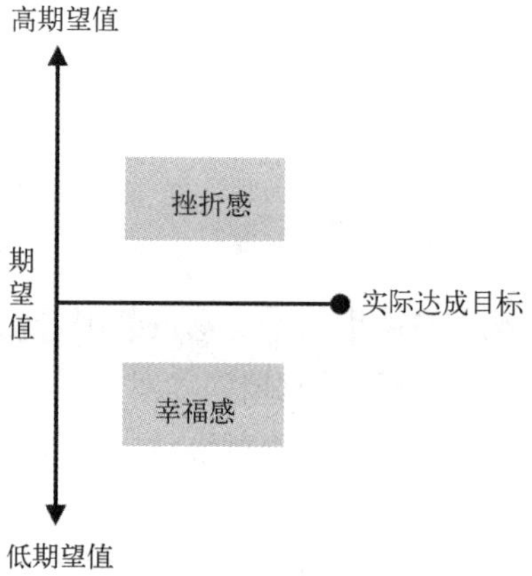

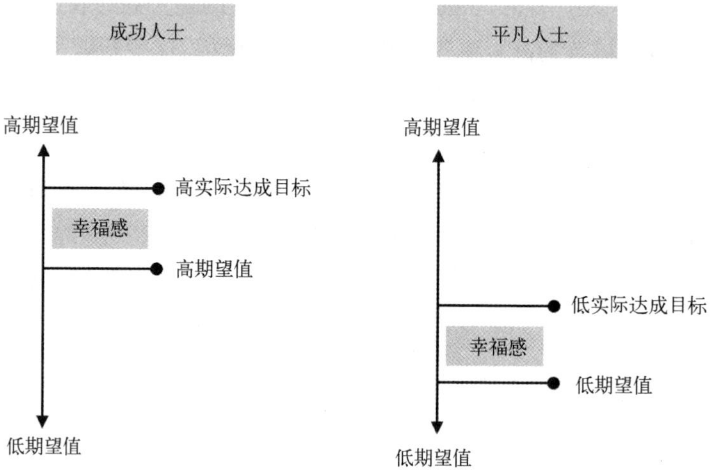

二十多年过去了，霍华德成为美国大学的一位知名教授。2009 年 6 月，一个偶然机会，他又翻出了当年的这篇论文。他很好奇，当年那 121 名认为自己“非常幸福”的人现在怎么样呢？

他把 121 个人的联系方式又找出来，花费了三个月的时间，对他们进行问卷调查研究。

调查结果是这样的：当年那71名平凡者，除了两人已故以外，共回收69份调查表。这些年来，他们中有的跻身成功人士之列；有的一直过着平凡的日子；也有的由于疾病和意外，生活十分拮据。但是他们的选择都没有变，仍然觉得自己——非常幸福。而那50名成功者的选择却发生了巨大变化。仅有9人事业一帆风顺，仍然坚持着当年的选择——非常幸福；但有23人改选一般；有16人因为事业受挫，改选痛苦；另2位改选非常痛苦。

霍华德总结说：

“所有靠物质支撑的幸福感，都不能持久，会随着物质的离去而离去。只有心灵的淡定宁静，继而产生的身心愉悦，才是幸福的真正源泉。”

可见，要拉高实际达成目标是比较困难的，而降低自己的期望值是比较容易的；要长久维持在高实际达成目标是很困难的，而要长久维持在自己的低期望值是比较容易的。

创富投资人着重的不是绝对价格，而是相对价位。懂得拉高别人的期望值，创造与实际价格的相对差异，让利润最高化。懂得降低自己的期望值，避免投资到错的投资对象，或太高的价位；拉高自己的实际达成目标，让报酬率最高化。

第四节
投资的最高境界是找本质、找真理

禅的最高境界是无字；
爱的最高境界是付出；
生活的最高境界是宽容；
创富投资的最高境界是找本质；
相处的最高境界是善解；
做人的最高境界是感恩。

世间万物、现象存在很多变异，没有一样是不变的，天地间唯一不变的就是变。所以想去猜测未来现象的变化，是一件很困难的事情。

环境变化，有他变和不变的部分，有规律和不规律的地方。投资人很喜欢去寻找投资的规律性，用过去统计出的规律性去预测未来的规律性。例如，技术分析就是其中一种，用过去的线图来推敲投资对象的未来变化。

殊不知规律性是很难寻找的，过去的规律性也不代表未来还会循着一样的脉动行走，因为环境是存在变异的。所以想寻找投资的规律性，就像观察未来现象的变化一样困难。

为什么小老鼠变得比猫还强壮时仍然怕猫?

黛安娜·芭芭拉(Diana Barbara)所著的《老喇嘛与小老鼠》讲了个故事。

在遥远的西藏雪域高原上，住着一位德高望重的老喇嘛。有一天，老喇嘛救起了一只小老鼠，从此小老鼠陪伴在老喇嘛身边，但它却日渐感到不安与忧愁。

原来，小老鼠一直对老喇嘛家里养的猫感到害怕。因此，他希望老喇嘛能够把它变得比猫还强壮，这样就不用再害怕家里的猫了。

老喇嘛沉思后，决定帮小老鼠实现心愿。于是小老鼠摇身一变，成为一只漂亮的大灰狗。可没想到，这只小老鼠变成了大灰狗，一瞥见那只家猫，还是被吓坏了，赶紧回到老喇嘛的房里。

于是，小老鼠希望老喇嘛能够再把它变成更凶猛威武的大老虎，觉得这样可以解决问题。老喇嘛了解小老鼠的恐惧，所以就再把小老鼠变成一只英勇的大老虎。

小老鼠变成大老虎后，很满意自己能够吓坏所有人，直到他又遇到那只家猫，又赶紧逃回老喇嘛的身旁。

老喇嘛最后终于明白小老鼠内心深深的恐惧。这位智者告诉小老鼠，一个人的外表如何并不重要，重要的是——他的内心深处是一个什么样的人，那就是真正的他。

花花绿绿的外表与掩饰，或许骗得了人，但却骗不了自己的内心……

在投资的过程中，我们常会误用一些花花绿绿的数字或假象，用以掩饰或说服自己的投资决策是有根据的，但这些东西总是让人提心吊胆，睡不安稳，它只能蒙骗自己一时，不能一世。唯有追求投资的本质，才能让人心安。追求投资的本质，就不易被外界花花绿绿的数字或假象所影响，并以此掩饰或说服自己的投资决策，这正是创富投资者们所为。

造钟和报时有何不同？

再来看看造钟和报时的故事，造钟和报时有什么区别？

报时，依靠的是某一个人、某一件事、某一产品，来完成一项工作；而造钟，则是要建立一种机制，使它能持续地运转。

报时，是一时的；而造钟，是永恒的。

报时者，只知机械化地工作；而造钟者，知道时钟的本质。

1870 年德国铁血宰相俾斯麦接见了清朝及日本使团。在接见完毕后，俾斯麦告诉德国的同僚：“在未来，日本一定能打败大清帝国。”

很多同僚问他：“你是如何观察和判断从而得到这个结论的？”

俾斯麦说：“清朝使团只关心德国哪家工厂的战船和大炮最好？价格是多少？哪家工厂的性价比最高？日本使团则不同，他们的重点放在德国为何能强大？并专心在探讨德国的政治运作与教育方法。”

因此，俾斯麦断言，未来日本必定超过大清帝国。

1871 年，日本派遣使团考察 12 个欧美国家；

1885 年实施内阁制，一切公论；

1907 年实施六年人民教育；

到了 1989 年，日本的 GDP 位列世界第一。

国家富强的本质在于对的制度——政治运作与教育方法，不在于单一事件——船坚炮利！

第十四章　博弈论

投资是心理的博弈，是一场心理游戏。

对于实际创富投资行为的发生，除了投资的智和慧，它还涉及很多投资人的心理层面判断，必须考虑参与投资行为所有人的心理变化，这较偏向主观判断。例如，大家都知道投资行为理论上要低买高卖，但能做到的人却很少。因为心理的主观判断往往会影响所认知的客观事实。

因此，对投资判断的成败而言，我再深入谈谈投资人应该如何思考，要在自身和其他参与投资相关角色的主观心理认知下，在客观分解模式的基础上，适当地修正其投资决策。

下面，我们将运用博弈论来探讨人类心理的主观判断，以便投资人看清投资事，在既有的客观分析模式下探讨如何修正其投资决策，如何悟出投资法。

第一节

博弈论(Nash 动态均衡)

博弈论，讲述有关诺贝尔奖得主约翰·纳什的动态均衡理论，即："在给定其他人的策略条件下，每个局中人都选择对自己最有利的策略，从而使自己的利益最大化。"

在这个博弈中，并不意味博弈的各方都处于不动的状况，在博弈中，这个均衡是在博弈者连续的动作与反应中达成的。

囚徒困境，对投资人有什么启示？

博弈论中最经典的模型——囚徒困境，是这样讲述的：

两个犯罪嫌疑人作案后被警察抓住，分别关在不同的屋子里接受审讯，不能互相沟通情况。警察知道两人有罪，但又缺乏足够的证据。

两个囚徒从警察处得知：

"如果两人都抵赖，(因证据不确定)各判刑 1 年；

如果两人都坦白，(因证据确实)各判刑 8 年；

如果两人中一个坦白而另一个抵赖，坦白者(因转为污点证人)立即获释，抵赖者(因不合作)判刑 10 年。"

于是，每个囚徒都面临两种选择——坦白或抵赖。然而，不管同伙选择什么，另一个囚徒的最优选择是坦白。

因为，如果同伙抵赖、自己坦白，可以立即获释；

如果同伙抵赖、自己抵赖，判 1 年；

如果同伙坦白、自己坦白，判 8 年；

如果同伙坦白、自己抵赖，判 10 年。

坦白还是比抵赖好。结果，两个犯罪嫌疑人都选择坦白，各判刑 8 年。

事实上，如果两个犯罪嫌疑人都抵赖，各判 1 年，显然这个结果对两个犯罪嫌疑人是最好的。但结果往往是，两个犯罪嫌疑人各自为了自己的利益，都选择坦白，各被判刑 8 年。

一个简单的博弈论故事，说明个人的最佳选择未必是团队的最佳选择。

现实生活中，也会频繁出现类似的情况。个人因为考虑本身利益最大化关系，会偏向以自己主观的角度来思考，比较不会以客观的立场，寻求双方的最大利益。

第二节
博弈的主动性

寻找投资对象，通常有两种途径：

其一，主动出击，根据投资者的要求寻找符合标准的投资对象，进而与潜在被投资方商榷投资条件等细节。

其二，坐等投资机会，此时会有很多项目中介找上门来，推荐各种所谓的“极佳”投资机会。最常见的是，中介常自称有特殊关系，才能拿到如此稀罕、优质的项目。

对于上述两种截然不同的寻找目标的途径，第一种方式，工作量较大，略显麻烦，但找到投资胜算率高的好项目机会大，可以有超额利润；第二种方式，乍看起来会有很多潜在项目，实际上，中介会到处撒案，介绍说明，该项目可能已被大部分投资人评估过，很难遇到真正的好项目，顶多也只有正常利润，难有超额利润。

为什么古人有智慧地说出“自古红颜多薄命”？

因为在现实社会里，美女总是会吸引一群烂苹果(条件不太好的男生)来包围她，久而久之，她极容易被这群烂苹果的手段所圈养，不思主动出击去寻找好苹果(条件优秀的男生)。最后，只能从这群烂苹果中挑选一个相对不烂的苹果。

相对而言，凡女不易引人来包围，只能靠自己主动出击寻找好苹果，不过并非大部分的好苹果会想跟她交往，但只要她被好苹果中相对不好的一个相中，就成了。

由于“好苹果”中较差的一个胜过“烂苹果”中较好的一个，美女最终找到的归宿，往往比凡女找到的要差。

美女若不懂得主动出击去寻找好男人，只是一味享受并坐等坏男人的包围，那她的美只能给她带来隐忧，而得不到任何好处。所以说，自古红颜多薄命。

若只想要红颜，不要薄命，请主动出击，去寻找好的目标！

一般的情况下，投资人只能得到正常报酬，若想得到超额报酬，是要主动寻找的。天上掉下来的礼物，通常是包藏祸心的。不能等待别人提供投资机会，而要主动出击寻找，才可能找到和投到好的投资对象。

第三节
博弈的对象

进行产业分析时，我们通常采取的分析态度是，大者恒大、强者愈强。在现实世界中，确实有许许多多“大者恒大、强者愈强”的案例。

或许，这种讲法在仅仅考虑“客观事实”时具有较高的准确性，但若要将人心变化的“主观判断”考虑在内时，可能得到完全相反的结论，即大者不大、强者不强。

主观判断可能颠覆客观事实的规律。

三个枪手决斗，枪法最好的最容易活下来吗？

三个枪手决斗，如何才能获得最高存活率？

三个枪手因意见不合，打算用决斗来解决。根据经验：

第一位枪手的命中率是最高的，为90%，

第二位枪手的命中率排第二，为70%，

第三位枪手的命中率是最低的，为40%。

哪一位的存活率最高？

在决斗进行的过程中，我们来看看每位枪手都是如何理性思考的。

理论上，第一位枪手的第一枪会射向第二位枪手，因为要先消灭较强者，后面对付第三位枪手就容易多了。

第二位枪手的想法则和第一位枪手一样，第一枪会射向第一位枪手，想先消灭最强者，后面对付弱者第三位枪手就容易多了。

三人互相射击的结果却是：

命中率最低的第三位枪手，反而存活率变得最高！

在现实社会中，往往示弱可以让人活得更长久！凸起在木头上的钉子，大家都想把它打下去。在隐晦中面对现实，在隐晦中自我成长！或许是一条更加安全的投资道路。

虽然客观事实认为最强者是最安全的，然而主观判断却显示最弱者是最安全的。最强者未必最安全，最弱者未必最危险。在选择投资对象时，并非要挑选当时处于最佳状况的那个。

第四节
博弈的角色

在投资领域，每个参与者都扮演着不同的角色，为了各自的利益和目的，所思所想秉承各自的逻辑。

作为角色扮演者之一，若是仅仅站在自己的角度思考，是不可能把握全局的。唯有考虑各方的思考角度，“凡事站在对方立场思考问题”，才能摸清各方可能的策略，有的放矢，一步步实现自己的目标。

5 个海盗怎样分 100 枚金币？

5 个海盗分 100 枚金币，谁能分到最多？

5 个海盗抢到了 100 枚金币，商量如何分配最公平。最后得到共识的分配规则是：

5 人抽签决定顺序，按 1~5 号顺序提出分配方案，当一个海盗提出分配方案时，若所有海盗过半以上的人数同意，则方案通过，否则提出方案的海盗，就要被推到海里，换下一序号的海盗提出分配方案。

假设每个海盗都绝顶聪明且理性，他们都能够进行严密的逻辑推理，知道后面一位海盗在想什么，并能很理智地判断自身得失，即在保住性命的前提下得到最多的金币。

这 5 个海盗，最终，谁得到金币最多？

5 号海盗的想法：把前 4 个海盗都扔到海里，就可独吞全部的金币。所以必定反对前 4 个海盗提出的所有方案。

4 号海盗的想法：如果船上只剩自己和 5 号海盗，则自己无论提什么方案，5 号必然反对，自己将被扔下海里，所以一定要让 3 号活着。

3 号海盗的想法：不管自己如何分配，4 号海盗为了保命，一定会投赞成票；而 5 号海盗，为了自己的利益，一定会投反对票，但 3 号加上 4

号的赞成票就过半了。所以3号会给自己分100个金币，其他人没有。→分配结果是(0/0/100/0/0)

2号海盗的想法：无论自己提什么方案，3号都会反对，因为3号想自己分配，得到最大利益。所以2号不分给3号，反而给4号、5号各1个，自己留下98个金币。4号和5号觉得2号的方案比3号的好，就会投赞成票给2号，3比1，采取2号的建议方案。→分配结果是(0/98/0/1/1)

1号海盗的想法：无论提什么方案，2号都会反对，所以不分给2号。3~5号只需要两个人赞成，3号给1个，4或5号给2个，比2号方案好，自己留97个。→分配结果是(97/0/1/2/0)或(97/0/1/0/2)

结果1号海盗分到最多，分到97个金币。

是不是跟原先的想法不一样？

只从自己的角度出发思考和站在各个不同参与角色的角度思考，往往会得到意想不到的答案。在做投资决策之前，一定要先思考参与投资的每个角色，为了让自己的利益最大化，他们会想什么？做什么？唯有如此，投资人才能制定出最佳投资决策！

第五节
博弈的高度

在投资的过程中，通常会遇到瓶颈；在事业发展的过程中，常有起伏和得失。这些是很正常的现象，我们不要指望永远一帆风顺，常常获得胜利。投资人在心理层面，要常常想着在投资过程中，不顺利是常态，顺利才是非常态。投资有时是欲擒故纵、有得有失，它是一种等待的智慧，是放长线钓大鱼的机智。

三兄弟如何分家产?

老人过世之前，不知道家里最后会剩下几头牛，于是在遗嘱中写道：

“家中的牛按照如下比例分配：

老大 1/2，

老二 1/3，

老三 1/9”。

老人过世后，家中留下 17 头牛。如果按照老人的遗嘱：

老大 1/2，可以分得 8.5 头，

老二 1/3，可分得 5.67 头，

老三 1/9，可以分得 1.89 头。

但是牛无法切开来分配，兄弟三人为了遗产分配问题吵翻天，最后，只能请德高望重的村长来主持公道。

村长会如何帮这三兄弟分配遗产？

村长见状，从制高点往下，看待三兄弟的遗产纠纷，为了让三兄弟可以顺利地完成分配，自愿从自己家中拉来一头牛，共计 18 头。于是，

老大 1/2，可以分得 9 头，

老二 1/3，可分得 6 头，

老三 1/9，可以分得 2 头。

三兄弟分到的牛，比他们预期的多，所以三兄弟都高兴地牵着自己分配到的牛回家。

9 头+6 头+2 头，共分走 17 头，还留下一头。最后，站在制高点看事情的村长，悠哉地把剩下的一头牛牵回家。

为何会有如此的结果？

因为村长的无私，他从所处的高度容易看得出：

$(1/2)+(1/3)+(1/9)<1$

有舍才有得，敢于付出才能有收获，要拉高投资的高度。凡事应抓大放小，不要做井底之蛙。

第六节
博弈的分配

分配的方式是多种多样的，可以是按人数分配，按物品数量分配，按劳动量分配，按体积大小分配……在投资界，通常从投资回报的角度讨论分配方式，那就是——按贡献度分配。

吃了包子，如何分金币？

小 M 和小 N，两人一同出差，分别带了 3 个包子和 5 个包子。遇到小 L，只带金币，没有带包子。到了中午，肚子饿了，大家坐在大树下休息。于是，小 M 和小 N 把包子分给小 L 吃，三人各吃 8/3 个。

小 L 作为回报，拿出 8 枚金币给小 M 和小 N。

小 M 和小 N 各应分多少个金币才是合理的？

小 M 说，应该按人数平均分金币，4∶4，每人各 4 个。

小 N 说，应该按提供包子的数量分金币，3∶5，你 3 个我 5 个。

两人相持不下，最后请来县老爷定夺。

县老爷会如何来帮小 M 和小 N 分配金币？

县老爷裁定，两种分配方案都不对，应按照对小 L 的贡献度重新分配。

小 M 的贡献度 $=3-\frac{8}{3}=\frac{1}{3}$，即扣除小 M 自己吃的 8/3 个。

小 N 的贡献度 $=5-\frac{8}{3}=\frac{7}{3}$，即扣除小 N 自己吃的 8/3 个。

所以，小 M 和小 N 的贡献度是 $\frac{1}{3}:\frac{7}{3}=1:7$。

县老爷最后定夺，小 M 应分得 1 个金币，小 N 应分得 7 个金币。

是不是跟预想的又不一样？

这是因为，县老爷的定夺，不是按照人数，也不是按照数量，而是按照贡献度分配。充分了解每个事物对投资的贡献度，才能知道投资回报是多少。要从贡献度的角度做各种投资回报分配。

第七节

博弈的顺序

在各个产业中，如果企业能够率先抢占商机，以最快的速度满足顾客的需求，便有可能最先获得顾客的认同、赢得顾客的忠诚度、取得较大的市场份额，从而在以后的竞争中获取主动，这就是先进入者优势。

商人带着两袋大蒜到一个村庄，当地人没见过大蒜，极为喜爱，于是回赠商人两袋金子。

另一个商人听说后，便带两袋大葱去，当地人觉得大葱比大蒜更美味，金子不足以表达感谢之情，于是把两袋大蒜给了他。

虽是故事，但生活往往如此。

得先机者得金子，步后尘者就可能得大蒜！

莎士比亚说：

“第一个用鲜花比喻女人的是天才，第二个用鲜花比喻女人的是蠢材。”

洞察先机、抢夺先机、占有先机，在投资上形成先进入者优势！博弈有出场顺序，往往具有先进入者优势。在投资领域，抢夺先机，至关重要。